KB212155

그리스도는 질문이다

예수의 정체성에 대한 현대적 탐구

Christ Is the Question

그리스도는 질문이다

예수의 정체성에 대한 현대적 탐구

웨인 A. 믹스 지음 · 김경민 옮김

| 차례 |

일러두기

- * 표시는 독자의 이해를 돕기 위해 옮긴이와 편집자가 단 주석입니다.
- 성서 표기는 원칙적으로 『공동번역개정판』(1999)을 따르되 인용은 원서 본문에 가까운 번역본을 썼으며 저자의 번역일 경우 표시를 해두었습니다.
- 교부 시대의 인명과 지명은 한국교부학연구회, 『교부학 인명 · 지명 용례집』(분도출판사, 2008)을 따랐으며, 교부들의 저서명은 한국교부학 연구회, 『교부 문헌 용례집』(수원가톨릭대학교출판부, 2014)을 따랐습니다.
- early christian은 본래 제도 종교로서 '그리스도교'Christianity의 성립 이전, 예수를 추종하는 이들을 가리키는 표현이므로 christian은 '그리스도교인'으로 early christian은 '초기 그리스도인'으로 표기했음을 밝힙니다.

루크 티모시 존슨에게

나는 그대 속에 있는
거짓 없는 믿음을 기억합니다.
(2디모 1:5)

들어가는 말

오랫동안 학생들과 동료들은 내게 예수에 대해 좀 알려 달라고 요청하거나 애원해 왔다. 지금까지는 이를 애써 외면했다. 신약학자에게, 그리고 그리스도인에게 가장 커다란 문제를 답하기란 매우 어려워 보였기 때문이다. 요청을 받을 때면 나는 예수는 마치 블랙홀과 같다고, 즉 그 영향을 통해서만 알 수 있을 뿐 결코 직접적으로는 알 수 없다고 답하곤 했다. 이는 내 신념이었다. 그러나 동료인 마리누스 드 용에Marinus de Jonge*, 그리고 이제

* 마리누스 드 용에(1925~2016)는 네덜란드 출신의 신약학자다. 라이덴 대학교에서 신약학을 공부한 이후 1966년부터 1991년까지 라이덴 대학교의 신약 주석 및 초기 그리스도교 문헌 교수로 활동했으며 1985년에는 세계신약학회 회장을 역임했다. 기원전 200년과 기원후 200년 사이 유대인과 초기 그리스도교인들의 종말 이해 연구, 요한 복음서 연구, 초기 교회의 그리스도론 연구, 신약성서의 네덜란드어 번역 분야에 공헌했다.

는 고인이 된, 스승이자 동료 한스 프라이Hans Frei*가 제기한 예수의 정체성에 관한 질문들은 계속 나를 괴롭혔다. 루크 티모시 존슨Luke Timothy Johnson**이 마침내 나의 허풍을 간파하고, 어디 할 테면 해보라고 자리를 마련해주어 이 책이 나오게 되었다. 여섯 개의 장 중에서 다섯 장은 내가 2004년 가을 에모리 대학교에서 했던 강의에서 비롯되었다. 당시 나는 에모리 대학교에서 예수라는 인물과 그의 가르침을 연구하는 맥도널드 객원 석좌 교수로 있었다. 내가 내놓은 대답에 대해 '아니오!'라고 하지 않은 루크에게, 그리고 기대 이상의 배려와 환대를 베풀어 준 그의 동료들, 그리고 애틀랜타의 오랜 친구들에게 감사드린다. 그리고 친절하게 대해주었던 알론조 L. 맥도널드Alonzo L. McDonald 및 수잔

---

* 한스 프라이(1922~1988)는 미국의 성서학자이자 신학자, 성공회 사제다. 폴란드에서 태어나 유년 시절 독일에서 교육을 받은 뒤 미국으로 이주해 예일 대학교 신학대학원에서 신학을 공부했다. 이후 사우스웨스트 신학교, 서던 메소디스트 대학교를 거쳐 오랜 기간 예일 대학교 신학대학원의 교수를 지냈다. 성서 해석학과 그리스도론 분야에 커다란 공헌을 남겼으며 조지 린드벡과 더불어 후기 자유주의를 대표하는 신학자로 꼽힌다. 주요 저서로 『성서 내러티브의 상실』The Eclipse of Biblical Narrative(감은사)과 『예수 그리스도의 정체성』The Identity of Jesus Christ이 있다.

** 루크 티모시 존슨(1943~)은 미국의 신약학자이자 초기 그리스도교 역사학자다. 노틀담 신학교와 인디애나 대학교를 거쳐 예일 대학교에서 신약학 연구로 박사 학위를 받았다. 이후 예일 대학교 신학대학원, 인디애나 대학교 등을 거쳐 에모리 대학교 신학대학원 교수로 활동했으며 현재는 에모리 대학교 신학대학원 명예 교수로 활동하고 있다. 역사적 예수 연구, 루가 복음서, 사도행전, 목회 서신, 야고보서와 관련해 다양한 저술을 남겼다. 주요 저서로 『진짜 예수』The Real Jesus, 『이방인들 사이에서』Among the Gentiles, 『신약 성서』The New Testament(대장간) 등이 있다.

M. 맥도널드Suzanne M. McDonald와 이 모든 일을 가능하게 해 준 맥도널드 아가페 재단McDonald Agape Foundation에게 진심으로 감사를 표하고 싶다. 시릴 오레건Cyril O'Regan*과 데일 마틴Dale Martin**은 1, 2장을 읽어주었고, 그들의 제안 덕분에 좀 더 좋은 원고가 나올 수 있었다. 도움과 변치 않는 우정에 감사드린다.

이 중 세 개의 강의는 2005년 2월과 3월 윌리엄스 칼리지에서 열렸던 크로건 바이센테니얼 강의에서 다시 진행한 바 있다. 2005년 봄 학기에 이 흥미로운 학술 공동체의 일원으로 초대해 준 윌리엄 R. 대로우William R. Darrow 종교학과장이자 잭슨 종교학 교수에게 특별한 감사를 전한다. 2장과 3장 일부는 1999년 캘리포니아 주립 대학교의 버클리 캠퍼스에서 열렸던 W.K.프리쳇 강연과 2001년 글래스고 대학교에서 열렸던 알렉산더 로버트슨 강연, 2003년 오슬로 대학교에서 주최한 제1회 닐스 알스트룹

---

* 시릴 오레건(1952~)은 아일랜드 출신의 로마 가톨릭 신학자다. 더블린 대학교를 거쳐 예일 대학교에서 박사 학위를 받았으며 1999년부터 현재까지 노틀담 대학교 교수로 활동 중이다. 조직신학, 역사신학, 대륙철학 등과 관련된 다양한 저서를 펴냈다. 주요 저서로 『신학과 묵시론의 공간』Theology and the Spaces of Apocalyptic, 『잘못된 기억에 대한 해부』The Anatomy of Misremembering, 『이단자 헤겔』The Heterodox Hegel 등이 있다.

** 데일 마틴(1954~2023)은 미국의 신약학자이자 초기 그리스도교 역사가다. 애빌린 그리스도교 대학, 프린스턴 신학교를 거쳐 예일 대학교에 박사 학위를 받았다. 이후 로즈 칼리지, 듀크 대학교, 코펜하겐 대학교를 거쳐 예일 대학교에서 19년간 신약학 교수로 활동했다. 그리스도교의 기원, 고대 세계의 성과 가족, 초기 그리스도교 교회에서 여성의 역할과 지위 등과 관련된 저서들을 펴냈다. 주요 저서로 『신약 읽기』New Testament History and Literature(문학동네), 『성서의 진리들』Biblical Truths, 『미신의 발명』Inventing Superstition, 『구원으로서의 노예 제도』Slavery as Salvation 등이 있다.

달 강연, 그리고 2004년 4월 6일 윌리엄스 컬리지에서 열렸던 크로건 강연에 바탕을 두고 있다.[1] 5장의 경우에는 약간 짧게, 다른 제목을 붙여 「예일 리뷰」Yale Review에 게재한 바 있다. 1장은 완전히 새로 썼고, 2장은 상당 부분 보강하여 다시 썼다. 그러나 전체적으로 강의의 현장감을 유지하려 노력했으며, 결과적으로 (다른 학자들에게 진 많은 빚을 명시하지 못해 아쉽지만) 많은 각주를 더하려는 유혹을 피했다.

오랫동안 좋은 관계를 맺어온 웨스트민스터 존 녹스 출판사에 감사드린다. 특히, 나의 이런 사색들을 책으로 만드는 것에 동의해 준 도널드 맥킴Donald McKim에게 감사를 표하고 싶다. 무엇보다도 내게 호기심과 대담함, 새로운 생각, 끈질긴 고집, 신의를 보여준 모든 학생을 기억한다. 그들 덕분에 가르치는 일이 내게 삶의 방식이자 배움의 방식이 될 수 있었다. 그러한 학생들의 이름을 일일이 언급하자면 셀 수 없이 많지만, 루크 티모시 존슨을 그 중의 대표로 세우고 싶다. 애정과 감사의 마음을 담아 이 책을 그에게 바친다.

---

[1] 달 강연은 후에 논문으로 출판되었다. 다음을 보라. Wayne A. Meeks, 'Inventing the Christ: Multicultural Process and Poetry Among the First Christians', *Studia Theologica* 58 (2004), 77~96.

제1장

답변과 질문

여러분은 차를 타고 가다 다른 차 뒷면이나 광고판에서 이런 문구를 흔히 본 적이 있을 것이다.

그리스도(혹은 예수)가 정답이다.

미국 일부 지역에서는 이런 문구들을 자주 볼 수 있다. 고백하자면, 나는 이 문구를 볼 때마다 되묻는다. "그러면 질문은 뭔데?" 나는 '그리스도'가 답이 될 수 있는 불경스러운 질문을 만들어 장난을 치는 사람들을 많이 보았다. 이를테면 그들은 사람들에게 "방금 내 발에 돌을 떨어뜨렸다"는 뜻을 지닌 말이 무엇이냐고 묻는다.* 많은 비그리스도교인이 이 구호에 불쾌함을 느끼는 것도 이상한 일은 아니다. 이런 구호들은 경솔하고 피상적이라는 인상을 주기 때문이다. 그런데 왜 나 같은, 그리고 내가 알고 있는 많은 그리스도교인도 이런 표어를 보면 불쾌함을 느끼거나 우스꽝스럽다고 생각할까? 예전에는 일종의 속물근성이거나 취향과 계급 문제, 혹은 지식인의 오만함 때문이라고 생각했다. 하지만 그 생각은 바뀌었고, 이 문제에 대해 고민할수록, 또한 내 어린 시절은 물론이고 경력 전체를 바쳐 성서를 이해하려고 노력할수록 내 바뀐 판단이 옳다고 확신하게 되었다. 그리스도는 답이 아니라 질문이다.

물론 이제 막 그리스도교인이 된 사람이, 혹은 신앙의 깊이를 새롭게 발견한 성숙한 그리스도교인이 순수하고도 진지하게 자신이 경험한 바를 "그리스도가 정답이다"라는 말로 표현할 수 있다. 이때 저 말은 아우구스티누스의 다음과 같은 유창한 (그리고 삼위일체를 염두에 둔) 고백과 같은 장르에 속한다.

> 당신께서는 우리를 당신 자신을 위해 만드셨으니
> 우리 마음은 당신 안에서 안식할 때까지 초조하고 불안하여
> 어찌할 바를 모릅니다.[1]

---

* 많은 미국인이 놀라거나 당황하면 "예수 그리스도"Jesus Christ라고 외치는 걸 알고 만든 질문이다.

1 Augustine, *Confessions* 1.1.1, 직접 번역.

이러한 고백은 드러난 내용보다 훨씬 더 많은 내용을 감추고 있으며, 찾음과 발견, 분투와 해방, 자기 발견 및 자기 헌신과 관련된 복잡한 이야기가 있음을 말해준다. 우리가 이러한 경험과 진실로 대화를 나누고자 한다면, 표어가 보이는 얕은 의미는 그것이 가리키는 깊은 이야기에 덮일 것이다.

광고판 문구로 쓰이는 건 또 다른 문제다. 이는 얄팍함에 대한 숭배이자 종교를 팔기 위해 예수를 악용하는 것이다. 최근 수십 년 동안 미국 대중 사이에서 떠돌아다니는 담론들과 마찬가지로 광고판에 있는 '그리스도가 정답이다'라는 문구는 종교가 상품화되었음을 보여준다. 이때 예수는 마케팅 대상이자 상품이다. 여느 광고처럼 어떤 샴푸가 곱슬머리에 대한 해답이고, 어떤 세제가 뽀송뽀송하지 않은 빨래에 대한 해답이듯, 신형 자동차가 외로움과 성적 열망에 대한 해답이듯, 예수가 이런 문제들에 대한 해답일까? 광고판 문구는 그렇다고 말하는 것처럼 보인다. '그는 당신이 원하는 모든 것, 모든 필요, 갈망, 환상, 추측에 대한 해답이다.' 그렇게 예수는 다목적, 다용도 상품이 된다. 하지만 성서를 보면 하느님이 던지는 질문들이 종종 그분의 답변들보다 더 중요하거나, 적어도 더 명확하다. 이를테면 그분은 아담에게 물으신다.

> 네가 어디 있느냐? (창세 3:9)

네가 벗은 몸이라고, 누가 일러주더냐? (창세 3:11)

그리고 가인에게도 물으신다.

너의 아우 아벨이 어디에 있느냐? (창세 4:9)

그뿐만 아니라 이사야에게는 "내가 누구를 보낼까? 누가 우리를 대신하여 갈 것인가?"(이사 6:8)라고, 아모스에게는 "아모스야, 네가 무엇을 보느냐?"(아모 7:8)라고 물으신다. 예수 또한 묻는다.

너희는 나를 누구라고 하느냐? (마르 8:29)

이 책은 주로 개신교라는 맥락에서 예수의 정체성을 둘러싼 질문들을 다루지만, 나는 신학자, 혹은 문화 비평가로서 글을 쓰지 않았다. 나는 신약성서 주석가이자 초기 그리스도교 역사가, 한 세기 전까지만 해도 많은 사람이 분명하고 신뢰할 만한 답을 제시해 주리라 믿었던 분야에 속한 사람이다. 그러나 나를 포함해 초기 그리스도교 문서와 상황을 평생 연구한 다른 많은 학자는 공부하면 할수록 더 많은 질문이 생긴다는 점을 알게 되었다. 이 책을 쓴 이유는 왜 그렇게 되었는지를 간략하게나마 설명하기 위해서다. 또 다른 이유는 이렇게 질문이 많아진다는 것이 개탄할 일이 아니라 오히려 좋은 일이라고 이야기하고 싶기 때문이다. 실제로 내가 아는 신자들, 신앙생활을 오랜 기간, 깊이 있게 해온 많은 그리스도교인도 답보다는 더 많은 질문을 품고 있다. 더 놀라운 점은 그들이 '답'보다도 '질문'이 자신의 신앙을 더 잘 표현하고, 확신의 근거를 더 잘 가리킨다고 믿는다는 것이다.

예수의 많은 얼굴

예수 그리스도와 관련해 가장 먼저, 그리고 가장 분명하게 던져야 할 질문은 '어떤 예수?', 혹은 '어떤 그리스도?'라는 질문이다. 빅토리아 시대 감성의 '온유한 예수'인가? 아니면 노틀담 대학교 미식축구 경기장에 가면 보이는 커다란 모자이크 벽화에 담긴 예수(미식축구 팬들은 이 예수를 '터치다운 예수'라고 부른다)인가? 백인 개신교회와 집에 가면 성화처럼 있는 워너 솔먼Warner Sallman의 '그리스도의 머리'Head of Christ에서 묘사한 금발에 파란 눈을 가진 청년일까? 아니면 점점 더 많은 흑인 교회에 등장하는 흑인 예수일까? 한때 YMCA가 대중화했던 '강건한 그리스도교'muscular Christianity 운동에서 이상적인 그리스도교인으로 묘사한 건강한 젊은이일까? 아니면 많은 로마 가톨릭 교회에 있는 십자가상에 매달린, 피를 흘리며 쇠약해진 한 인간일까? 아니면 "가장 잘 봉사하는 자가 가장 큰 이익을 얻는다"는 로타리클럽의 표어처럼, 봉사를 사업 성공의 모형으로 여기는 "아무도 모르는 사람"Man Nobody Knows일까? 초기 노동운동에서 유진 뎁스Eugene Debs와 그의 추종자들이 존경했던, 노동자 계급을 위한 혁명을 외친 구세

주일까? 남녀 차별을 당연시하던 사회의 규칙을 깨고 여성 제자들을 불렀던 여성주의자 예수인가? 아니면 사회가 '여성적'이라고 부르는 특성들을 몸소 구현한 급진 여성주의자 예수인가? 아니면 정반대로 '가족 가치'family values의 근간인 가부장제를 엄격히 옹호했던 예수인가?[2]

---

2 "온유한 예수"라는 표현은 1742년 찰스 웨슬리Charles Wesley가 쓴 찬송가에서 따온 것이다. 경기장이 내려다보이는 노틀담 대학교의 헤스버그 도서관 벽에는 두 손을 축복하는 (혹은 팬들이 말하기로는 터치다운을 선언하는) 예수의 인상적인 모자이크 벽화가 있으며, 이 모자이크 벽화에 대해서는 다음을 참조하라. R.Laurence Moore, *Touchdown Jesus: The Mixing of Sacred and Secular in American History* (Louisville, KY: Westminster John Knox Press, 2003). 워너 솔먼 그림의 놀라운 성공에 대해서는 다음을 보라. David Morgan(ed.), *Icons of American Protestantism: The Art of Warner Salmon* (New Haven, CT: Yale University Press, 1996). 이 그림의 인기는 개신교의 범주를 한참 넘어선다. 온라인 가톨릭 사이트에서 이 그림은 "고풍스러운 금장 프레임"에 담겨서 115달러에 팔리고 있으며, 솔만의 그림은 "훌륭한 가톨릭 서적과 선물, 성서, 교리문답서, 성서 연구서, 묵주, 십자가와 십자가 처형, 기적에 대한 메달들, 조각상, 가톨릭 보석, 예술품, 비디오, DVD" 중 하나로 인식되고 있다. 스티븐 프로테로는 그의 책에서 흑인 예수를 찾으려 했던 몇 가지 시도와 여성주의 신학을 소개한다. 이와 관련해서는 다음을 보라. Stephen R.Prothero, *American Jesus: How the Son of God Became a National Icon* (New York: Farrar, Straus and Giroux, 2003), 200~228. "아무도 모르는 사람"은 책 제목으로 1925년 출간 이래 베스트셀러다. 이 책은 브루스 바턴Bruce Barton이 썼는데 그는 현대식 광고의 발명가 중 한 사람이자 엄청난 성공을 거둔 광고 대행사 BBDO의 설립자 중 한 사람이다. 이에 관해서는 다음을 참조하라. Richard Wightman Fox, *Jesus in America: Personal Savior, Cultural Hero, National Obsession* (San Francisco: HarperSanFrancisco, 2004), 318~23. 특히, 예수를 사회개혁가로 다룬 부분은 해당 책의 283~94쪽에 나온다. 다만 폭스는 바턴의 봉사 개념이 아서 셸던Arthur Sheldon이 창안하고 1911년 로타리 국제대회에서 채택한 국제로타리클럽의 표어와 유사하다는 점을 지적하지 않았다(http://www.rotaryhistoryfellowship.org/leaders/sheldon/ 참조). 2001년 6월, 이 표어의 일부는 폐기되었다가 같은 해 11월, 의사회에 의해서 다시 채택되었다(http:www.rotary.org/support/board/0111.html 참조). 여성주의 해석의 선구자 중 엘리자베스 쉬슬러 피오렌자Elisabeth Schüssler Fiorenza는 독

이토록 다양한 예수의 정체성이 새로운 현상은 아니다. 서반구에 처음 도착했던 유럽인들은 그리스도에 대한 다양한 개념과 용례를 가져왔고, 이후 이 땅의 모든 세대는 수입을 통해 혹은 자생적인 문화의 다양성을 반영해 새로운 예수의 심상을 덧입혔다. 리처드 와이트먼 폭스Richard Wightman Fox와 스티븐 프로테로Stephen Prothero의 최근 저서 두 권에서 미국인들이 예수 그리스도를 상상하고, 숭배하고, 동조하고, 패러디하고, 두려워하는 다양한 방식을 설명했다. 한 사람은 이를 요약해 "400년에 걸친 미국에서의 예수, 세속적이든 종교적이든, 수많은 그리스도, 그리고 수많은 문화적 성육신"이라고 표현했다.[3]

다시 한번 말하지만, '문화적 성육신'은 그리 새롭거나 특이한 현상이 아니다. 다만 미국을 수놓은 예수상들의 독특한 점이 있다면, 그 수가 매우 많고 다른 곳과 견주었을 때 상당히 다양하며, 세속화된 공공 영역에서도 그 심상들이 곳곳에 있다는 점이다. 그러나 언제든, 어디서든 예수를 따르는 이들이 '성육신'에 대해 말하면 이는 필연적으로 문화 속 성육신, 즉 특정 시간 및 장소와 문화, 사회에 예수가 스며드는 과정을 수반했다. 어떻게 그렇지 않을 수 있겠는가? 인간이 된다는 것은 곧 특정 문

보적이다. 그녀의 대표작으로는 다음을 들 수 있다. Elisabeth Schüssler Fiorenza, *In Memory of Her: A Feminist Theological Reconstruction of Christian Origins* (New York: Crossroad, 1983). 그리고 *But She Said: Feminist Practices of Biblical Interpretation* (Boston: Beacon Press, 1992).

[3] Richard Wightman Fox, *Jesus in America*, 395.

화 속에서 살아간다는 것을 의미하며, 니케아 공의회에서 결정했듯 하느님의 아들이 '인간이 되셨다'면, 그는 문화와 관습을 통해 자신의 정체성을 표현하는 존재가 되었음을 뜻한다(이에 대해서는 다음 장에서 자세히 설명하겠다). 그러므로 예수 그리스도를 믿는 이들의 역사를 찬찬히 돌아보았을 때, 그들이 예수를 누구라 여겼는지 매우 다양한 방식으로 표현했다는 사실을 발견하게 되는 건 그리 놀라운 일이 아니다. 그리스도교가 등장했을 때부터 예수의 정체성에 관해서는 다양한 생각이 존재했다. 게다가 종종 이 생각들은 서로 충돌하기도 했다. 때로는 갈등이 심각해져 분열되기도 했고, 타협이 이루어졌다 해도 이는 외부의 힘으로 이루어졌다. 이를테면 4세기 니케아 공의회에서는 로마 황제가, 이후에는 다양한 권력이 때로는 노골적으로, 때로는 미묘하게 교회들을 설득하거나 강요함으로써 타협이 이루어졌다. 하지만 이른바 '현대적인' 감성에 물든 우리는 이러한 방식으로 강제당할 때 깊이 분노하거나 저항한다. 그리고 이는 미국 국민의 기억과 정서에 깊이 뿌리내리고 있다. 우리는 자유로운 선택을 즐긴다. 그러나 수많은 예수 가운데 어떤 예수를 선택해야 할까?

문화에 퍼져 있는 다양한 그리스도의 정체성이라는 현상은 우리에게 질문한다. '어떤 그리스도를 믿어야 하는가?' 그리고 이 질문은 우리를 더 깊고 곤란한 질문으로 이끈다. '그리스도를 상상하는 이 다양한 방식 이면에, 혹은 그 안에 단 하나의 그리스도가 있는가? 아니면 무한히 확장 가능한, 하지만 문화상으로는 우연한 예수에 관한 심상들만 존재하는 것일까? 수많은 예수에 관한 심상에 특정 집단이나 개인의 희망, 염원, 편견이 반영되어 있음을 알기란 그리 어렵지 않다. 그렇다면 그게 전부일까?'

난감한 질문들이다. 하지만 이 질문들을 진지하게 받아들인다면, 우리는 그 질문들의 밑바닥까지 파고들어 합리적인 사람이라면 누구나 동의할 수 있는 답을 찾으려 해야 한다. 그리고 종교와 관련해 '현대적'이라는 것이 무엇을 의미하는지를 정의해야 한다. 우리는 현대인이기에 스스로 진리를 찾아야 한다. 우리는 권위를 신뢰하지 않는 법을 익혔거나, 혹은 적어도 스스로 그렇다고 믿고 싶어 한다. 신경creed들은 고대의 생존물이다. 신경들에서 고백하는 예수는 우리가 텔레비전에서 보게 되는 예수, 혹은 유명한 설교자의 설교에서 만나는 예수와 공통점이 거의 없다. 교회에서 주일에 계속 암송해 익숙해졌다 해도, 전통적인 신경의 언어들이 우리 중 대다수가 품고 있는 질문을 해결해준다고 보기는 어렵다. 한때 갈등을 진정시키기 위해 만들어진 신경은 오늘날 우리와는 너무나 거리가 멀어 보인다. 우리는 과거에 그랬듯 그리스도가 성부와 동일본질인지 아니면 유사본질인지를 놓고 피 흘리며 싸우지 않는다. 물론 전례를 중시하는 교회에서 자란 이들은 동일본질이라는 말에 위로를 받을지도 모르겠다. 하지만 또 다른 누군가 그리스어로 단 한 글자만 다른 유사본질을 선호하는 이가 있다면, 우리 중 다수는 무엇이 옳은지

당최 모르겠다면서 에드워드 기번Edward Gibbon이 이 논쟁을 비꼬며 했던 말을 떠올릴지도 모르겠다.

단 한 개의 이중모음의 차이로 인해 격렬한 논쟁이 일어났다.[4]

게다가 아무리 친숙하다 할지라도(우리 중 많은 사람이 이를 점점 더 낯설어하고 있다), 신경의 언어가 그대로 있을수록, 우리의 신앙고백은 갈수록 변화한다. 신경은 우리가 아닌 다른 세계에 속한 질문들에 답하기 때문이다. 그리고 신경을 선포하는 권위 역시 전과 같지 않다.[5] 우리는 예수에 관한 진리를 스스로 결정할 것이다. 그렇다면, 어떻게 결정해야 할 것인가?

탈출구로서의 역사

19세기 말, 많은 그리스도교인은 '예수는 정말 누구였는가?'

---

[4] 다음을 보라. Edward Gibbon, *The Decline and Fall of the Roman Empire* (New York: The Modern Library, 1932), 1:690. 여기서 그는 플라톤주의 용어에서 유래한 그리스어 '호모우시오스'ὁμοούσιος(동일본질), '호모이우시오스'ὁμοιούσιος(유사본질)에 대해 이야기한다. 두 표현은 예수의 신적인 본성을 둘러싼 논쟁에서 각각 "가톨릭 교회"와 "반半아리우스주의자들"의 표어가 되었다. 『로마제국 쇠망사 1-6』(민음사).

[5] 니케아 신경과 콘스탄티노플 신경이 무엇이며, 현대 사회에서 이들이 권위를 잃게 된 이유와 여전히 (공교회를 지향하는 이들이든 교파로서 로마 가톨릭 신자든) 모든 가톨릭 신자에게 중요한 이유에 대해서는 다음을 보라. Luke Timothy Johnson, *The Creed: What Christians Believe and Why It Matters* (New York: Doubleday, 2003). 위에 암시한 논쟁과 관련해서는 해당 책 129~32를 보라.

라는 질문에 답할 수 있는 신뢰할 만한 방법은 단 하나, 바로 역사 연구historical research뿐이라고 생각했다. 물론 예수가 역사에 속한다고 말하는 것이 완전히 새로운 이야기는 아니었다. 초기 그리스도인들은 세례를 받을 때 예수가 "본디오 빌라도에 의해 십자가에 못 박혔다"고 선언함으로써 그리스도교 이야기의 중심이 되는 구원 활동을 정치와 관련된, 역사의 특정 순간에 고정시켰다. 초기 그리스도교 변증가들에게 이러한 주장은 심각한 문제였다. 그들은 철학 지식을 갖춘 이들에게 이 새로운 신앙을 설득력 있게 설명하고자 했다(이러한 문제는 모든 세대에 걸쳐 그리스도교 신학자들의 사고에 계속 영향을 미쳤다). 18세기에 이 문제는 새로운 생명을 얻었고, 고트홀트 에브라임 레싱Gotthold Ephraim Lessing은 이를 널리 알려진 말로 정리했다.

> 역사에서 발견되는 우연한 진리는 결코 이성에 바탕을 둔 필연적 진리의 증거가 될 수 없다.[6]

초기 그리스도교 변증가들은 하느님의 궁극적 계시를 역사적 특정 시점에 형성된 기억의 사건에서 찾는 이 '걸림돌'이야말로 그리스도교의 주장이 그리스 및 로마의 신들에 관한 '우화', '신화'와 다른 지점이라고 주장했다. 고전 철학 학파들에게 훈련을 받

---

[6] Gotthold Ephraim Lessing, 'On the Proof of the Spirit and of Power', *Lessing's Theological Writings* (Stanford, CA: Stanford University Press, 1957), 53.

았던 다음 세대 그리스도교 신학자들은 열정을 가지고 보편성과 특수성을 통합하는 난해한 문제를 해결하려 애썼고, 이성과 계시, 자연과 은총을 섬세하게 종합하는 데 성공했다. 계속해서 다시 검토해야 하기는 했지만, 적어도 중세 후기에 이 문제는 어느 정도 해결된 것으로 보였다. 그러나 레싱의 시대에는 점점 더 많은 서유럽 사상가들이, '이교도'만 신화를 만들 수 있는 존재가 아님을 지적했다. 그리스도교인들도 때때로 이런 우화를 만드는 죄를 범했다. 프로테스탄트 종교개혁자들은 교황이 자기 권력을 유지하기 위해 '우화'와 '신화'를 도입했다는 사실을 지적했다. 그리고 18세기에 이르자 사람들은 성서의 저자들도 자신의 메시지를 전달하기 위해 신화를 사용했다고 (감히) 말했다.

1835년과 1836년, 독일의 대학 도시 튀빙겐에 있는 개신교 신학교의 한 젊은 강사는 복음서에서 묘사한 "예수의 생애"를 "비판적으로 분석"하기 위해 신화 개념을 문학적, 철학적인 도구로 사용한 두 권의 책을 출간했다. 책은 큰 반향을 일으켰고, 청년 다비드 프리드리히 슈트라우스David Friedrich Strauss는 해고당한 후 다시는 정규 교수직을 맡을 수 없게 되었다. 그러나 그가 책을 통해 제기한 질문은 사라지지 않았다. 1864년 슈트라우스는 "독일 국민을 위해" 더 적은 분량의 『예수의 생애』Das Leben Jesu für das deutsche Volk를 출간했다. 이 무렵에는 고속 인쇄기가 발명되면서 책은 저렴한 상품이 되었고, 최신 지적 담론을 대중에게 알릴 수 있는 거대한 시장이 형성되었다. 슈트라우스의 책이 베스트셀러가 된 지 불과 1년 전, 프랑스에서 에르네스트 르낭Ernest Renan은 『예수의 생애』Vie de Jésus를 펴냈다. 슈트라우스의 책보다는 덜 알려졌지만, 이 또한 매우 근대적인 현상이었다. 소설가 조지 엘리엇George Eliot(본명은 메리 앤 에반스Mary Ann Evans)은 슈트라우스의 초판을 영어로 번역했는데, 이 책은 독일에서만큼이나 선풍적인 인기를 끌었다. 대중판도 영미권 출판사에서 빠른 속도로 출간되었으며, 르낭의 책도 영어로 번역되어 오랜 기간 독자의 사랑을 받았다. 근대 역사학이라는 도구로 예수에 관한 질문들에 대해 답하려는 결단이 학계의 벽장 밖으로 터져 나온 것이다. 다양한 방식으로 빠르게, 이러한 작가들은 출판계의 중심 무대를 차지했다. 훗날 알베르트 슈바이처Albert Schweitzer*는 이 '예수의 생애' 운동에 동참한 이들을 모아 그들의 작업을 정리한, 권위 있으면서도 유쾌하게 자기 고집을 밀어붙인 역사서를 펴

* 알베르트 슈바이처(1875~1965)는 독일 출신의 신학자, 루터교 목사다. 의사이자 음악가이기도 하다. 스트라스부르에 있는 카이저 빌헬름 대학교(스트라스부르 대학교의 전신)에서 신학과 철학을 공부했으며 1899년 칸트의 종교 철학에 관한 연구로 철학박사 학위를, 1900년에는 신학박사 학위를 받았으며 1905년부터는 의학을 공부해 1913년 의학박사 학위를 받았다. 대중에게는 아프리카 의료봉사활동으로 널리 알려졌으며 이에 대한 공헌으로 1952년 노벨평화상을 받았다. 신학자로서는 1906년 『예수 생애 연구사』Geschichte der Leben-Jesu-Forschung를 출간했는데 이 저서는 당시까지 이루어지고 있던 자유주의, 낭만주의적 역사적 예수 연구를 비판해 신학자로서 슈바이처의 명성을 높였으며 지금까지도 역사적 예수 연구의 분기점으로 평가받는다. 주요 저서로 『예수 생애 연구사』(대한기독교서회), 『사도 바울의 신비주의』Die Mystik des Apostels Paulus(한들출판사), 『나의 생애와 사상』Aus meinem Leben und Denken(문예출판사), 『물과 원시림 사이에서』Zwischen Wasser und Urwald(문예출판사) 등이 있다.

냈다.[7]

여기서 언급한 몇 가지 사례들로 대표되는, 길고 복잡한 지적 투쟁은 유럽과 미국 그리스도교 세계의 종교적 감수성에 커다란 변화를 일으켰다. 처음에는 개신교인들에게만 영향을 미쳤지만, 나중에는 로마 가톨릭 신자들에게, 더 나아가 종교적 신앙을 가진 모든 사람과 무신론자들에게도 영향을 미쳤다. '역사적 예수'에 관한 이야기와 그와 관련된 제목을 가진 책들은 이제는 너무 많고 흔해, 이와 관련된 새로운 질문들이 이전 세기의 위대한 신학 논쟁에서 얼마나 급진적이었는지를 사람들은 종종 망각한다. 오늘날에는 평범해 보이는 '역사적'이라는 말과 '예수'라는 표현은 모두 새로운 사고방식을 가리켰다. 르네상스와 종교개혁, 그리고 계몽주의의 혁명적인 사상가들은 예수가 아니라 신에 관해 질문을 제기했다. 인간 예수는 그들에게 질문의 대상이 아니었다. 그들은 추상적으로, 삼위일체 신학과 관련해 질문을 던졌다. '신성Godhead이 어떻게 인성을 취할 수 있는가?' '어떻게 개별자the

---

7 David Friedrich Strauss, *Das Leben Jesu, kritisch bearbeitet* (Tübingen: C.F. Osiander, 1835~36). David Friedrich Strauss, *Das Leben Jesu für das deutsche Volk* (Leipzig: F. A. Brockhaus, 1864). David Friedrich Strauss, *The Life of Jesus Critically Examined* (London: Chapman Brothers, 1846). Ernest Renan, *Vie de Jésus* (Paris: Mechel Lévy Frères, 1863). 『예수의 생애』(창). Ernest Renan, *The Life of Jesus* (New York: Carleton, 1864). Albert Schweitzer, *The Quest of the Historical Jesus* (London: SCM Press, 2000), 이 책은 1913년 출간된 독일어 판본에서 번역된 것이다. 이 책의 1906년 독일어판 제목은 '라이마루스에서 브레데까지: 예수 생애 연구사'였다. 『예수의 생애 연구사』(대한기독교서회).

particular가 보편자the universal를 구현할 수 있는가?' '어떻게 일시적인 것이 영원한 것을 드러낼 수 있는가?' 누구도 이러한 질문들에 전기biography로 답할 수 있다고 생각하지 않았다. 하지만 19세기에 예수는 대중 종교의 중심, 경건한 호기심의 중심이 되었다. 예수에 대한 질문에 답하는 방식은 역사라는 믿음, 좀 더 구체적으로 근대적인 역사 서술 방식을 충족하는 예수 전기를 쓰는 것이라는 믿음은 새로운 현상이었다. 좀 더 중요한 것은 역사라는 관념과 그 방법론이 이전과는 완전히 달라졌다는 점이다.

인간 예수의 새로운 중요성과 새로운 역사성이라는 두 가지 새로움은 19세기에 극적으로 결합되어 개신교 사상을 변화시켰다. 하지만 이 두 변화는 14세기 르네상스 인문주의, 심지어 그보다 더 이전에 있었던 중세 후기의 신심과 사상의 일부 흐름에서 시작되었다. 루이 뒤프레Louis Dupré*가 설명했듯, 아씨시 프란치스코Francis of Assisi와 그 뒤를 이은 프란치스코회 신학자들은 나자렛 예수에 대한 개인의 헌신을 도입함으로써 처음으로 교회의 성육신 교리가 지닌, "일종의 공리와도 같던 보편적인 것의 우

---

* 루이 뒤프레(1925~2022)는 벨기에 출신의 미국 가톨릭 종교철학자다. 루뱅 대학교에서 박사 학위를 받은 뒤 미국에 귀화해 조지타운 대학교를 거쳐 1978년부터 1998년까지 예일 대학교에서 종교 철학을 가르쳤으며 그 외에도 루뱅 가톨릭 대학교, 캘리포니아 대학교, 시카고 로욜라 대학교, 보스턴 칼리지 방문 교수를 지냈다. 근대성의 기원과 발전에 관한 권위 있는 저서들을 남겼으며, 현대 문화에서 종교의 의미와 위치와 관련해서도 중요한 저서를 남겼다. 주요 저서로 『신학자로서의 키에르케고어』Kierkegaard as Theologian, 『근대성으로 가는 길』Passage to Modernity, 『절대자에 대한 탐구』The Quest of the Absolute 등이 있다.

위"를 뒤흔들었다.[8] 프란치스코회 신심이 수반하는 인간 예수가 겪은 경험에 대한 정서적 애착은 대중 설교를 통해, 그리고 조금 다른 방식이지만 르네상스 시대 '자연주의'naturalism 예수 그림을 통해 예배자들에게 전달되었다. 14세기 가장 인기 있었던 신앙 서적은 프란치스코회 수도사 콜리부스의 요한John of Caulibus이 쓴 『그리스도의 생애에 대한 묵상』Meditationes vitae Christi(이 책은 한때 훨씬 더 유명한 프란치스코회 성 보나벤투라의 저서로 잘못 알려졌던 적이 있다)이었다. 이 묵상집은 "예수도 다른 모든 인간과 마찬가지로 연약한 육체를 지녔기 때문에" 예배자가 예수가 느낀 감정, 고통에 공감하게끔 독려한다.[9] 미술사학자 레오 스타인버그Leo Steinberg는 프란치스코회의 기풍이 알프스 북쪽과 남쪽의 르네상스 예술가들에게 깊은 영감을 주어 그들이 그리스도를 묘사하는 방식에 영향을 미쳤다고 주장했다. 이 시기 예술가들은 어린 그리스도와 죽은 그리스도의 성기를 새롭고 놀랍게 강조하기 시작했다. 예수의 '남성성'manhood을 추앙한 것이다. 스타인버그는 이러한 변화가 단순히 예술 분야에서 "사실주의"로의 전환이 아니라, 종교상 예수에 관한 이해의 중요한 변화를 드러내는 새로운

[8] Louis Dupré, *Passage to Modernity: An Essay in the Hermeneutics of Nature and Culture* (New Haven, CT, and London: Yale University Press, 1993), 38.

[9] Pseudo-Bonaventure, *Meditations on the Life of Christ: An Illustrated Manuscript of the Fourteenth Century* (Princeton, NJ: Princeton University Press, 1961), 44. Leo Steinberg, *The Sexuality of Christ in Renaissance Art and in Modern Oblivion* (New York: Pantheon, 1983), 57에서 재인용.

방식이었다고 주장한다.[10]

인간 예수에 대한 새로운 관심뿐만 아니라 새로운 역사 개념도 르네상스에 뿌리를 두고 있다. 14세기 이탈리에서 시작된 인문주의의 '재탄생'은 본질상 문학, 예술과 건축, 철학과 수사학, 과학 분야에서 고대 그리스와 로마라는 고전 모형을 재발견한 것이었다. 인문주의자들은 현재를 온전히 살아가는 법을 익히기 위해 영광스러운 과거를 재발견했다. 그들은 과거의 흔적을 찾아 비판적으로 분석하고 이를 자신의 시대로 가져올 수 있는 도구를 습득하려 했다. 고전 시대 작가들의 작품 원고를 부지런히 수집하고 편집하는 일도 여기에 해당했다. 그들은 플라톤과 아리스토텔레스, 호메로스, 아이스킬로스, 에우리피데스의 참된 목소리를 듣기 위해 과거 알렉산드리아와 안티오키아에서 활동했던 문헌 비평가들과 같은 그리스어 문법학자들의 기술을 다시 활용했다. 위작을 발견했고(그러는 동안 새로운 위작이 만들어졌고), 문법과 수사학이라는 측면에서 언어의 구조를 새롭게 연구

10 Leo Steinberg, *The Sexuality of Christ in Renaissance Art and in Modern Oblivion*, 여러 곳. 1260년에서 1540년 사이의 화가들이 그리스도의 성적 매력을 새롭게 강조했다는 스타인버그의 주장은 당연하게도 다른 미술사학자들과 일부 신학자들의 다양한 반응을 낳았다. 시카고 대학교 출판부에서 펴낸 이 책 2판에서 그는 자신의 입장을 확장하고, 또 변호함으로써 비평가들에게 대응했다. 물론 모든 사람이 스타인버그가 근거로 삼은 수천 가지의 사례를 다 살펴볼 수 없겠지만, 그의 누적된 주장의 무게는 반박하기 쉽지 않다. 스타인버그의 연구만큼이나 이 책에 대한 사람들의 반응도 재미있는데 이에 대해서는 다음을 참조하라. Griselda Pollock, 'Erudite, Intelligent, Revealing', *The Art Book* 5, no. 1 (January 1998): 10~11.

하고 모방했다. 조각가와 건축가들은 고대 로마의 위대한 기념물 유적들을 발굴하고 측정하기 위해 노력했다. 자연스럽게 인문주의자들은 그리스도교 문헌과 유물에도 동일한 기법을 적용했고, 때로는 놀랄 만한 결과를 도출하기도 했다. 1440년, 로렌초 발라Lorenzo Valla는 교황청이 로마 지역 지배를 정당화해 온 근거였던 '콘스탄티누스 기증서'Donatio Constantini가 8세기에 위조된 것임을 증명했다. 또 다른 주요 문서들도 의심의 대상이 될 수 있을까? 그리스어와 라틴어 성서의 무수한 사본들 사이에 존재하는 차이는 어떻게 해석할 것인가? 시간이 흐르면서 르네상스가 일으킨 거대한 학문의 힘은 널리 알려진 스테파누스Stephanus와 에라스무스Erasmus의 신약성서 비평 판본을 만들어 냈고, 이는 16세기와 그 이후 개혁 운동에도 심대한 영향을 미쳤다.

그러나 과거에 대한 심취에도 불구하고, 르네상스 학자들을 이끌었던 역사의식은 아직 근대적이지 않았다. 오늘날 관점에서 보면 이 시기는 원사시대原史時代, protohistory에 가깝다. 14세기부터 16세기까지의 학자들에게 과거는 낯선 나라가 아니었다. 그들은 고전적 가치관을 자신들의 가치관으로 여겼다. 그들은 과거를 단순히 관찰하는 데 그치지 않고 과거를 살았다. 르네상스 학자들은 인문주의(그리고 자신들의 신플라톤주의)의 본성은 그때나 지금이나 동일하다고 주장했다. 인문주의자들은 세네카나 키케로의 편지를 읽으면서 그것들이 자신들에게 보내는 편지라고 상상했을 것이다. 그러나 이러한 생각은 바뀌게 되었다. 과거에 대해 더 많이 알면 알수록 과거의 남성들은 우리와 달랐다는 피할 수 없는 증거가 쌓이게 되었다(여성도 마찬가지이지만 이때까지는 여성들이 연구 대상으로 주목받지 못했다). 이미 16세기에 몽테뉴Montaigne는 이러한 차이가 너무 크기 때문에 현재의 질문에 대해 과거로부터 어떤 답을 기대하는 것은 어리석은 일이라고 평가했다. 르네상스의 비판적 실천은 자신의 가장 중요한 전제 중 일부를 뒤흔드는 의심의 기풍을 형성했으며, 몽테뉴가 활동하는 시대에 이르러서는 회의론이 부상했다(아이러니하게도, 당시 많은 이는 이를 기원전 4세기의 피론Pyrrhon으로 대표되는 고대 운동의 부흥으로 여겼다). 인류의 본질적 동일성에 대한 인문주의자들의 확신을 뒷받침하는 관념론idealism, 즉 실재하는 것이 보편적이라는 가정 자체가 공격을 받은 것이다.[11]

과거를 재발견하려는 르네상스 시대의 열망은 근대적 역사 개념이 태동하는데 강한 원동력이 되었으나, 새로운 회의의 분위기는 이 분야의 탐구를 완전히 다른 것으로 뒤틀어 놓았다. 뒤프레의 말이 맞다면, 이러한 회의론의 가장 중요한 요소 중 일부

[11] 내가 여기서 간략하게 그려낸 이 발전 과정에 대해 특히 설득력 있는 설명은 다음 책에 실린 몇 편의 글에서 찾을 수 있다. Anthony Grafton, *Bring Out Your Dead: The Past as Revelation* (Cambridge, MA: Harvard University Press, 2001). 그리고 다음을 참조하라. Keith Thomas, 'Heroes of History', *New York Review of Books* 50, no. 4 (13 March 2003), 38~40. 회의론의 부상과 몽테뉴의 역할에 대해서는 다음을 참조하라. Louis Dupré, *Passage to Modernity*, 112~15, 그리고 다음 책 또한 유익하다. Charles Taylor, *Sources of the Self: The Making of the Modern Identity* (Cambridge, MA: Harvard University Press, 1989), 177~84. 『자아의 원천들』(새물결).

는 예수에 대한 대중의 신심을 낳은 프란치스코회의 풍부한 토양에서 나왔다. 오늘날 철학계에서 '유명론'nominalism이라고 부르는 혁명을 일으킨 이들은 바로 프란치스코회 사상가들과 작가들, 특히 영국의 둔스 스코투스Duns Scotus와 윌리엄 오컴William of Ockham이었다.[12] 유명론자들처럼 보편적인 것이 실재하는지 아니면 단지 '이름'nomina에 불과한지 의문을 품기 시작하면, 우리는 관찰하고 측정할 수 있는 것만이 실재한다는 18세기 과학의 경험주의로 이어지는 길에 발을 들여놓은 셈이다. 특정 현상을 설명하는 데 필요한 것 이상의 가정을 더하지 말라는 오컴의 경고(이른바 "오컴의 면도날")를 생각하면, 우리는 18세기 후반의 위대한 수학자 피에르-시몽 라플라스Pierre-Simon Laplace에 관한 이야기로 나아가고 있는지도 모른다(물론 실제로는 다른 사람에 관한 이야기일 수도 있다). 이야기에 따르면, 프랑스 혁명 이전에 라플라스는 "천체 역학"의 수학에 관한 방대한 논문을 썼다. 몇 년 후 나폴레옹이 그에게 행성 궤도에 대한 설명에 신은 어디에 위치하는지 물었을 때, 라플라스는 이렇게 대답했다고 전해진다. "폐하, 저에게 그런 가설은 필요 없습니다." 이 이야기는 우주가 일종의 기계이고 우리가 충분히 똑똑하다면, 역학 법칙만으로 우주가 어떻게 작동하는지를 설명할 수 있다고 주장한다. 자연은 "초자연적인" 원인을 가정하지 않고도 이해할 수 있다. 영국

12 Louis Dupré, *Passage to Modernity*, 4장.

의 이신론자들은 이미 이러한 결론에 도달했지만, 적어도 태초에는 신의 창조가 필요하다고 주장함으로써 그리스도교의 창조 교리를 지키려 노력했다. 신이 우주라는 위대한 기계를 만들어 내고 태엽을 감았지만, 이후 그 기계는 스스로 작동했고 신은 실직자가 되었다는 것이다.

과학의 시대에는 인류의 역사도 "초자연적" 개입을 배제한 설명에 양보해야 한다. 인간 사건들에 대한 이런 기계론적 개념은 성서의 이야기에서 필수 요소로 여겨지던 기적이라는 관념에 의문을 제기했을 뿐만 아니라, 그리스도의 인간적 삶을 타락한 세상에 하느님이 가장 깊게 개입하신 일로 묘사하는 성육신 교리에도 혼란을 일으켰다. 이러한 와중에 여전히 자신을 그리스도교인으로 여기면서도 종교에 대해 이성적으로 만족스러운 근거를 찾기 위해 이런 질문들과 치열하게 씨름했던 새로운 사상가들에게 그리스도의 의미는 무엇이었을까? 그들 중 많은 이에게 신은 여전히 세상에서 활동하는 존재였다. 그러나 그들이 생각하는 신이 활동하는 방식은 신들이 자연의 일부라는 고대 철학적 사고의 방식이나, 신은 완전히 이 세상을 초월하나 세상을 창조하고, 꾸짖고, 구원하기 위해 스스로 이 세상 가운데 왔다는 전통적 그리스도교 신학의 역설적인 방식이 아니었다. 그들은 이성의 신성divinity of reason 그 자체에서 신을 찾아야 한다고 보았다. 신이 순수한 이성이자 순수한 선이듯이, 신은 인간의 이성과 인간의 양심 안에 반영되어 있어야 한다. 그렇다면 예수는 자기 시대에서 모든 미신, 무지, 악에 대항해 신적 이성과 덕을 드러낸 신적 의식의 최고 사례가 아닐까? 그러므로 당시 사상가들에게 예수를 온전히 알고 그의 생각을 생각하고 그의 가르침을 배우는 것은 곧 신의 마음을 들여다보는 것이었다. 모든 천재에 관한 전기가 빛을 발하듯, 예수의 실제 삶을 그려낸 이야기는 최고의 깨달음을 주는 이야기임이 틀림없다고 그들은 생각했다.[13]

위기에 처하게 된 역사주의

지금까지 우리는 두 가지 발전 방향을 따라왔다. 하나는 서구 그리스도교 사회에서 종교적 관심이 인간 예수의 삶으로 모이게 되었다는 것이다. 이 주제는 사람들의 신앙과 불신앙을 가르는 기준이 되었다. 다른 하나는 과거를 이해하는 새로운 방법, 즉 물리과학의 객관성을 모방하려는 역사 서술 방식이 출현했다는 것이다. 19세기에 이 둘은 때로는 적대적인 관계였고 때로는 불안한 동반자 관계를 맺기도 했다. 새로운 형태의 신심과 새로운 형태의 회의론이 충돌했지만, 신앙을 가진 사람들과 회의론자들 모두 나자렛 예수가 핵심 문제라는 한 가지 사항만큼은 동의했

---

[13] 18세기 영국 사상의 흐름을 우아하게 재현한 글로는 다음을 들 수 있다. Roy Porter, 'Rationalizing Religion', *The Creation of the Modern World: The Untold Story of the British Enlightenment* (London and New York: Norton, 2001), 96~129. 어떤 면에서는 이 책 전체가 여기서 다루는 주제와 밀접한 관련이 있다고도 할 수 있다. 초월성이라는 감각의 상실과 이로 인한 신학의 위기는 뒤프레의 책 『근대성으로 가는 길』Passage to Modernity의 주요 주제이기도 하다.

다. 기본적으로 중요한 앎은 머리보다는 마음의 문제라고 주장했을지라도, 당시 모든 신자는 고대 갈릴리와 유대에서 살았던 예수에 관한 사실들이 중요하다고 확신했다. 그러한 사실을 (순진하게) 복음서 본문을 읽으면 분명하게 알 수 있다고 생각하든, 엄정한 역사학 방법론을 통해 성실하게 탐구하여 확인하면 알 수 있다고 생각하든 말이다.

엄정한 학문으로서의 역사, 혹은 과학으로서의 역사라는 관념은 새로운 관념이었다. 이러한 관념이 등장한 이유는 두말할 것 없이 근대 과학이 승리를 거두었기 때문이다. 17세기에 등장한 새로운 학문, 즉 자연과학은 단순히 자연을 이해하는 데 그치지 않고 자연을 통제하는 데 관심을 기울였다. 이로써 평범한 사람들이 사는 세상을 변화시켰고, 지금도 변화시키고 있는 기술을 탄생시켰다. 이러한 결과는 피할 수 없는 것이었다. 이러한 가운데 역사가들이 (존 가디스John Gaddis가 사회과학자들과 동료 역사가들을 비난하며 말한) "물리학에 대한 부러움"이라는 마법에 빠진 건 그리 놀라운 일이 아니다.[14] 그들은 자연과학의 방법론이 약속하는 객관성을 부러워했고, 모방하려 했다. 새로운 과학은 정확하고 경험적이며 반복할 수 있는 관찰과 귀납적 일반화에 의존했다. 관찰된 사실에 대한 생각이 발전하여 가설이 만들어졌으나, 이 가설 역시 새로운 관찰을 통해 검증되어야만 했다. 그

---

14 John Lewis Gaddis, *The Landscape of History: How Historians Map the Past* (New York: Oxford, 2002), 89 그리고 책의 여러 곳.

래야만 사실에서 이론으로 나아갈 수 있었다. 이제 더는 기존의 학문에서 그러했던 것처럼, 이론에서 사실로 나아갈 수는 없었다. 모든 것을 제대로 수행한다면, 동일한 절차를 따르는 사람은 누구나 동일한 결과를 발견하고 동일한 결과를 내릴 것이다. 그 결과는 실제로 자연에 존재하는 것을 반영하기 때문이다. 예를 들어, 에펠탑이나 브루클린 다리를 건설하려면 사용되는 특정 강철의 인장 강도를 알아야 한다. 이런 정보는 의견이나 느낌에 의존할 수 없고, 어떤 기술자에게 물어보느냐에 따라 달라질 수 없다. 심지어 소크라테스가 우리에게 이 문제에 대해 생각하게끔 도와준다고 하더라도, 강철의 이상적인 형상으로부터 그러한 강철의 강도를 추론할 수는 없다. 마찬가지로 엄정한 학문으로서의 역사, 과학적 역사에서 우리는 '일어났으면 좋았을 일', '일어났어야 할 일', '언제나 일어난다고 생각되는 일'이 아니라 '실제로 일어난 일'을 발견하려 해야 한다. 우아한 수사학을 통해 교훈이 되는 이야기, 시대와 문화의 흐름 가운데 인류의 변치 않는 진리를 보여주겠다는 고대 역사가들의 가치관은 더는 유효하지 않게 되었다. 근대 역사학에서 가장 유명한 학자 중 한 사람이 말했듯, 역사가의 임무는 "실제로 그것이 어떠했는지"를 말하는 것이다.[15]

---

[15] 대개 문맥에 맞지 않게, 하지만 자주 인용되는 이 말은 프란츠 레오폴드 폰 랑케Franz Leopold von Ranke가 했다. 그는 자신이 채택한 작업과 오래된 역사가들의 거창한 가정을 겸손하게 대조했다. "사람들은 과거를 판단하는 일과 미래의 이익에 대해 동시대 사람들에게 가르치는 일

우리 자신과 세상을 이해하는 방식을 향상시키는 데 있어 과학적 역사 서술의 거대한 성공, 혹은 그 중요성을 부인할 수는 없다. 이 성공은 에펠탑이나 브루클린 다리의 성공보다 더 인상적이며, 전자관이나 비행기, 그리고 감히 말하건대 컴퓨터의 발명보다도 더 중요하다. 그럼에도 불구하고, 뉴턴의 사과에는 벌레가 있었고, 역사의 거울에는 균열이 생겼다. 니체Friedrich Nietzsche가 "사실은 존재하지 않는다. 해석만 존재할 뿐이다"라고 말했을 때, 그의 말을 진지하게 받아들이는 사람은 아무도 없었지만, 이 말은 니체 자신도 예상할 수 없었을 만큼 선견지명이 있었다.[16] 이 문제를 이해하기 위해서는 근대성의 탄생에 중추적인 역할을 한 사상가, 르네 데카르트René Descartes에게로 잠시 돌아가 보아야 한다.

위에서 살펴본 것처럼, 16세기 중반에 불어닥친 회의론의 영향 아래 몽테뉴는 과거로부터 어떤 교훈을 얻을 수 있는지를 의심했다. 그에게 인간의 이야기는 끊임없는 변화의 이야기였다. 과거의 사람들은 현재의 사람들과 다를 뿐만 아니라, 인간은 서

을 역사에 부여해 왔지만, 내가 지금 하는 시도는 그러한 거창한 야망과 상관없이 단지 과거가 실제로 어땠는지를 보여주고자 할 뿐이다." Franz Leopold von Ranke, *Sämtliche Werke*, vol. 33/34 (Leipzig: Duncker & Humblot, 1885), 7.

16 "현상에서 멈추는 실증주의, 즉 '사실만 존재한다'는 실증주의에 대해 나는 이렇게 말하고 싶다. 그렇지 않다. 사실이란 정확히 말하자면 존재하지 않으며 해석만 있을 뿐이다." Friedrich Nietzsche, *The Will to Power* (New York: Random House, 1968), 267. 『권력에의 의지』(휴머니스트).

로 다르다. 몽테뉴가 자신의 내면으로 시선을 돌렸을 때, 그는 존재의 안정된 핵심이 아니라 끊임없는 흐름을 발견했다. 세상의 모든 지식의 토대를 무너뜨릴 위험이 있음에도 불구하고, 내면으로 눈을 돌리는 것이 그에게는 진정한 자기 인식에 대한 유일한 희망을 약속하는 것처럼 보였다. 데카르트에게도 내면으로의 전환은 아주 중요했다. 하지만 그는 대담하게도 몽테뉴의 회의론과는 정반대의 결과를 의도했다. 놀라운 반전을 통해, 데카르트는 회의론자들의 의심을 새로운 철학의 기초로 만들었고, (뒤프레의 말을 빌리면) "도덕적 불확실성을 철학적 의심으로, 의심 자체를 확실성에 이르는 방법으로 전환함으로써 인간 지식의 기초를 회복하는 것"을 목표로 삼았다.[17] 의심스러운 모든 것을 의심하는 사람은 적어도 자신이 존재한다고 믿어야 한다. "나는 생각한다, 고로 나는 존재한다"라는 생각은 적어도 실재한다. 이 좁은 토대 위에서, 생각하는 사람은 세계를 재구성하기 시작한다. '생각하는 자아'인 내가 존재한다면, 그 생각은, 비록 철저한 의심의 형태를 지녔다 할지라도, 실재를 반영하는 정신의 능력에 대한 신뢰를 회복하게 해 주기 때문이다. 과학을 위한 토대도 여기서 찾을 수 있다. 이를 통해 '나'는 세계를 정확하게 표현하는 개념을 형성할 수 있기 때문이다. 이러한 객관성은 커다란

---

[17] Louis Dupré, *Passage to Modernity*, 115. 그리고 다음을 참조하라. Charles Taylor, *Sources of the Self*, 143~58. Jeffrey Stout, *The Flight from Authority: Religion, Morality, and the Quest for Autonomy* (Notre Dame, IN; London: University of Notre Dame Press, 1981), 25~61.

대가를 치르고 얻은 것이다. 이 멋진 "나"는 이제 어떻게든 "객관적인" 세계 전체 바깥에 서서 전체 공연을 통제해야 한다.

이제 인간은 스스로 실재를 재현해야 한다. '관념'이라는 개념이 (플라톤적 의미, 즉 그 자체로 실재하는 보편적인 것에서) ... '정신 속에 있는 것'으로 옮겨가면서 인간은 관념들의 질서를 발견하는 것이 아니라 구축해야 했다.[18]

(데카르트의 경우에는 자기 몸의 대상화를 포함한) 세계의 객관성은 근본적으로 새로운 주관성에 의존한다. 이 새로운 합리주의에서는 생각하는 실체, 즉 개별적이고 육체로부터 분리된 자아가 모든 사물의 척도이자 판단자가 된다. 찰스 테일러Charles Taylor에 따르면, 존 로크John Locke는 데카르트에 이어 근대성을 지배하게 된 자아에 대한 특정 개념으로의 중요한 한 걸음을 내디뎠다. 그는 앎의 과정을 '분리하고 통제하는' 정신에 의존하게 함으로써 정신을 그 자체로 객관적인 것이 되도록, 달리 말하면 일종의 기계처럼 만들었다. 이러한 로크의 인식론은 "근대 철학의 가장 큰 역설 중 하나"를 가져왔다. 이 "심각한 전망"은 철저하게 주관성, 주체성에 기초하고 있음에도 불구하고, 그 과정에서 일어난 분리와 객관화, 혹은 대상화로 인해 인간의 주관성, 주체성의 마지막 흔적조차 추방해 버렸으며 그러한 인간상을 만들어 내는 데 도움을 주었다.[19]

---

[18] Charles Taylor, *Sources of the Self*, 144.

[19] 위의 책, 175~76.

오늘날 저 '자아'는 데카르트의 토대론이 부여한 위치에, 로크가 이야기한 명확하고 통제가능한 합리성에는 적합하지 않은 연약하기 짝이 없는 존재처럼 보인다. 이제 데카르트나 로크의 이야기는 순전한 망상처럼 보일 뿐이다. 데카르트는 우리에게 자신의 합리성에 대한 숭고한 자신감을 가지라고, 우리 정신에 분명하고 명백한 것처럼 보이는 모든 생각은 분명 진리라고 가르쳤다. 그러나 20세기에는 이러한 자신감을 불신하게 만드는 여러 일이 발생했다.

비록 다른 방식들보다 늦게 현대인의 의식에 침투했지만, 새로운 사고방식 중에는 우리가 주변 세계를 알 수 있다는 근본적인 확신에 가장 깊은 충격을 준 사고방식이 있었다. 바로 현대물리학의 혁명이었다. 뉴턴의 기계론적인 우주는 아인슈타인이 열어젖힌 양자역학의 우주에 자리를 내주었고, 물리적 현실의 핵심을 파악하는 방식에서 확실성의 수학은 하이젠베르크의 불확정성 원리에 자리를 내주어야 했다. 가장 "딱딱한" 과학인 물리학의 핵심 개념들이 이렇게 유동적이라는 점을 알아차리게 되면서, 과학 철학자들은 우주에 대한 과학의 설명이 그다지 객관적이지 않다는 점을 지적하기 시작했다. 앎의 토대를 보장하는 사고하는 자아는 특정 문화와 역사에 뿌리를 둔 우연적인 자아, 즉 언어 자체를 포함한 문화적 범주에 의해 형성된 정신에 지나

지 않았다.[20]

근대주의 감성에 충격을 준 두 번째 혁명, 즉 심리학의 혁명 역시 개인적이며 주권을 행사하던 정신의 몰락을 부추겼다. 20세기 초에는 사회과학이 철학에서 분리되어 사회학, 인류학, 경제학, 정치학, 심리학 등 학문으로서 고유한 자리를 찾았다. 이 중 가장 크게 대중의 상상력을 바꾼 것은 심리학, 그중에서도 프로이트Sigmund Freud의 무의식 탐구였다. 어떤 의미에서 프로이트의 성찰은 데카르트가 시작하고, 존 로크의 도구적 합리주의가 강화한, 개인 내면에 집중하는 '자아의 원자화' 과정의 정점이라고 할 수 있다. 하지만 동시에 프로이트가 제시한 무의식이라는 지도는 자아의 합리성에 대한 데카르트의 엄숙한 확신을 영원히 무너뜨렸다. 자아의 밑바닥에는 몽테뉴가 두려워했던 것보다 훨씬 더 큰 혼돈이 있었다. 사회가, 그리고 우리가 생존을 위해 억압하도록 강요한 원초적 충동은 '프로이트 오류'Freudian slips(*억압

---

20 새로운 물리학의 영향으로 인한 과학 철학의 발전은 매우 빠르게 이루어졌기에 비전문가가 시작하기 좋은 책을 고르기가 쉽지 않다. 가장 영향력 있는 책으로는 토머스 S. 쿤Thomas S. Kuhn의 『과학혁명의 구조』The Structure of Scientific Revolutions를 들 수 있으며 다음 책도 널리 알려져 있다. Otto Neurath(ed.), *Foundations of the Unity of Science: Toward an International Encyclopedia of Unified Science*, 2 Vols. (Chicago: University of Chicago Press, 1967). 다음 책도 참조할 만하다. Richard Rorty, *Philosophy and the Mirror of Nature* (Princeton, NJ: Princeton University Press, 1979). 『철학 그리고 자연의 거울』(까치). 이에 대한 다양한 반응에 대해서는 다음을 참조하라. Richard Rorty, Kai Nielsen, *After the Demise of the Tradition: Rorty, Critical Theory, and the Fate of Philosophy* (Boulder, CO: Westview Press, 1991.

된 욕망이나 내부 사고 흐름의 간섭으로 인해 말, 기억 또는 신체적 행동에 오류가 일어나는 것), 혹은 '투사'로 우리의 생각과 행동에 스며들어 있었다. 이러한 억압된 힘은 우리의 신념과 행동에 교묘하게 영향을 미쳤고, 프로이트는 우리의 모든 뛰어난 데카르트적 합리성이 무의식에서 일어나는 결정 요인의 "합리화"에 의해 무너졌다고 가르쳤다.

이렇게 근대주의가 승리를 거둔 바로 그 순간, 다른 몇 가지 발견이 근대주의의 신경을 끊어 버렸다. 넓게 보면, 이를 이념의 혁명이라고도 부를 수 있을 것이다. 다양한 형태의 마르크스주의는 제도와 신념, 이른바 '영적인' 실체들은 모두 경제 및 (고전적인 관점에서는 천박하기 그지없는) 물질과 연관이 있으며 그들이야말로 권력의 실제 원천들임을 지적해 '이념'이라는 용어를 현대적인 방식으로 발전시켰다. 그리하여 마르크스주의에 입각한 정치, 경제체제를 받아들이지 않은 이들이라 할지라도 사회의 많은 공적 믿음이 사회의 심각한 불평등을 은폐하고 있으며, 사회를 둘러싼 이러저러한 미사여구들은 종종 사회 구조의 꼭대기에 있는 사람들에게만 '자연스러워' 보이는 권력관계를 미화한다는 데 동의해야 했다.

앞에서 우리는 엄정한 학문으로서의 역사가 자신의 역할을 가장 충실하게 수행할 때, 죽은 이들의 땅에서 우리에게 익숙한 가치가 아니라 우리의 추론과 행동 방식에 도전하는 낯선 문화를 발견했음을 보았다. 여기에 더해 민족지학ethnography과 인류학이라는 새로운 학문은 (비록 초기에는 새로 발견된 대륙을 착취한 이들 및 선교사들과 함께 발을 맞추어) "야만적"이고 "원시적"일 뿐만 아니라 우리와는 확실히 다르고 어떤 측면에서는 더 나을 수도 있는 수많은 삶의 방식이 있음을 서서히 인식하게 해 주었다. 우리가 무의식적으로 믿는 것과 자연스럽게 하는 행동은 우리가 사는 시간과 장소, 사회화된 방식에 따라 달라진다는 '문화 상대주의'Cultural relativism가 우리 단어장에 들어온 것이다. 영화 《8월 달의 찻집》에 나오는 인물 사키니의 말을 빌리면 "포르노그래피도 지리의 문제"가 되었다.[21] 지금까지의 모든 과정은 20세기 중반 폴 리쾨르Paul Ricoeur가 '의심의 해석학'the hermeneutics of suspicion이라고 부른 것으로 이어졌다.[22] 진리의 토대를 마련하기 위해 데카르트가 활용했던 철저한 의심은 프로이트가 이야기한, 꿈에서 억압되었던 원초적 욕구처럼 안전한 틈새에서 빠져나와 그 토대를 산산조각 냈다.[23]

---

21 John Patrick, *The Teahouse of the August Moon* (New York: Putnam, 1954), Act 1, Scene 1, 8.

22 Paul Ricoeur, *Freud and Philosophy: An Essay on Interpretation* (New Haven, CT: Yale University Press, 1970), 33~36.『해석에 대하여』(인간사랑).

23 이러한 흐름을 이해하는 데 도움을 주는 저서로 다음을 들 수 있다. Garrett Green, *Theology, Hermeneutics, and Imagination: The Crisis of Interpretation at the End of Modernity* (Cambridge and New York: Cambridge University Press, 2000). 그린은 프로이트, 니체, 마르크스 등 "리쾨르의 3인방" 배후에는 포이어바흐Ludwig Feuerbach가 있다고 지적한다. 그에 따르면 포이어바흐는 상상력 그 자체를 의심의 대상으로 삼았다. 그 이전까지는 상상은 허구를 만들어 내고 과학 탐구는 사실을 만들어 낸다고 여겼다(13~14). 그러나 "근대의 황혼"에 이르러 현실과 상상 사이의 이

근대 이후의 예수

이처럼 엄정한 학문으로서의 역사학의 토대가 내부에서부터 위협받고 있는 상황에서, 근대의 역사주의를 신뢰했던 역사적 예수 탐구quest of the historical Jesus는 어떻게 되었을까? 이제 근대에 일어난 역사적 예수 탐구의 전제 중 일부를 좀 더 자세히 살펴보고, 최근 몇 세대에 걸쳐 끊임없이 갱신되었던 낙관주의에도 불구하고 역사적 예수 탐구는 왜 자신의 목표를 달성하지 못했는지 살펴볼 차례다. 다음 장에서 우리는 이 탐구가 품고 있던 새로움에 대한 낭만을 살펴볼 것이다. 역사적 예수 연구자들은 때때로 (이집트 파피루스, 사해 문서, 나그함마디 문헌, 그 외 무수한) 고대 문서나 이제껏 알지 못한 고대 사상을 발견하게 되면 예수에 대한 비밀의 진실을 열 수 있는 열쇠, 인류가 오랜 기간 잃어버린 열쇠를 찾은 것이라고 믿었다. 그들에게 이 문서들은 일종의 마법 주문서들과 같았다.

그다음에는 우리가 관찰하는 분야에서 이질적인 현상들을 하나로 묶기 위해 이름(이를테면 묵시주의, 헬레니즘, 영지주의 등)을 짓고 실재가 실제로 그렇게 존재하는 것처럼 취급하는 근대주의자들의 (어찌할 수 없는) 경향을 경계하는 법에 대해 논의할 것이다. 나는 엄정한 학문으로서의 역사학이 실제 예수를 찾는 데 실

분법이 무너지고 있다(205). 이제 "상상은 이제 '현실'을 파악하는 불가피한 수단이 되었지만, 그것이 성공하리라는 보장은 없다"(14)고 그린은 말한다.

패한 가장 큰 이유는 역사학이 인간 자아에 대한 부적절한 모형을 가지고 작업했기 때문이라고 생각하며 좀 더 현대적인 자아 모형, 즉 개인의 정체성이 사회 속에서 무수한 교류 가운데 형성된다는 모형을 채택했을 때 더 발전된 연구를 할 수 있다고 본다. 이 모형은 심리학자들이 제시했으며 '나'는 홀로 앉아 자신에 대해 생각할 때뿐만 아니라 어린 시절부터 '나'와 '다른 사람들' 사이에 이루어지는 반응을 통해 알게 된다는 관찰을 통해 확립되었다. '나'라는 사람의 정체성은 발견되어야 할, 어떤 숨겨진 본질이 아니라 살아가는 가운데, 대화하는 가운데 형성되는 새로운 이야기다. 그리고 이 이야기는 나만의 언어가 아닌, 내가 태어난 문화 속에서 살아가는 모든 이와 공유하는 언어로 쓰인다. 물론 이 모형을 사용한다고 해도 '진짜 예수'에 도달할 수는 없다. 그러나 적어도 예수에 대한 우리의 모든 심상을 왜곡하는 주관적인 관념론과 낭만주의에서 벗어나는 데 도움을 줄 수는 있다.

역사가들이 실제 예수에 대한 신빙성 있는 전기를 만들지 못하더라도, 예수가 역사를 만든 인물이 되었는지에 대한 과정은 설명할 수 있다. 나는 이 과정을 이해하는 것이 또 다른 '역사적' 예수를 만들어내는 것보다 훨씬 더 흥미롭고 우리에게 더 중요하다고 믿는다. 예수의 초기 추종자들은 자기 자신과 다른 이들에게 예수가 누구인지 설명할 수 있는 적절한 심상을 찾기 위해 분투했다. 그리고 이 분투는 새로운 운동의 정체성을 찾으려는 분투와 자기-관여self-involving의 과정을 포함했다. 이는 넓은 의미에서, 그리고 구체적인 의미에서 해석 과정이었다. 넓은 의미에서 정체성을 형성하는 작업은 언제나 세계를, 그리고 그 안에서 자신의 존재를 해석하는 것이며, 그리스도교와 관련해서는 성서와 전통을 놓고 자신을 해석한다는 점에서 그러하다. 이 책 세 번째 장에서는 그러한 분투의 양상(특히 사해 문서를 두고 일어난 일들)을 개괄적으로나마 살펴보려 한다. 이를 통해 우리는 당시 상황을 어떻게 이해해야 하는지 도움을 받을 수 있을 것이다.

네 번째 장에서는 사도 바울의 글을 살펴볼 것이다. 바울과 그의 제자들이 쓴 글, 그리고 그에 대한 글이 우리가 가진 신약성서의 1/3을 차지할 정도로, 그는 우리에게 잘 알려진 예수의 해석자이기 때문이다. 우리가 아는 다른 어떤 해석자보다도 더 분명하게, 바울은 예수의 제자가 된다는 것은 세상을 새롭게, 즉 새로운 방식으로 삶을 살아간다는 것임을 알고 있었다. 또한, 그는 그 차이가 단지 예수가 어떻게 살고 죽었는지를 안다고 해서 나오지 않음을 알고 있었다. 바울은 막무가내였던 회중에게 가장 중요한 것, 동시에 가장 신비한 것은 "십자가의 말씀"이라고 말한다. 우리는 종종 그 뜻이 무엇인지 궁금해하지만, 적어도 그것이 단순한 예수의 십자가 처형에 관한 지식 그 이상을 의미함은 분명하다. 그는 "예수 그리스도에 대한 믿음"에 사로잡힌 이들에게는 현실의 논리 자체가 바뀐다고 보았다. 그리고 이 변화는 오직 은유를 통해서만, 간접적으로 표현할 수 있다. 이렇게 인류의 전체 이야기를 자신에게로 통합하려 하고, 따라서 결코 멈출 수 없는 거대한, 전복적인 서사가 시작되었다. 이 서사는 결코 쉬지 않으며, 종결되지 않는다.

누군가는 지금까지 살핀 복잡한 역사로부터 어떤 확실한 결과가 나오지 않았다는 사실에 좌절하고 "그냥 성경이 예수에 대해 말한 것에 만족하면 안 될까요?"라고 말하고픈 유혹을 느낄지도 모른다. 하지만, 안타깝게도 이 문제는 그렇게 간단하지 않다. 왜 그러한지는 다섯 번째 장에서 다룰 것이다. 어떤 신자들은 "성서는 분명히 이렇게 가르친다"고 말하곤 한다. 그런 말을 들을 때면 나는 열에 아홉은 "아니오. 그렇지 않습니다"라고 대답하든가 이렇게 되묻는다. "그걸 어떻게 아십니까?" 이 장에서는 개신교 종교개혁가들이 가장 신성하게 여긴 원칙 중 하나였던 성서의 '명료함'clarity과 '투명함'transparency을 도마 위에 올리려 한다. 나는 복잡한 도덕적 질문에 대한 직접적인 '정답'을 캐내려는 담론에서 위 교리들이 근본적으로 오용되고 있다고 생각한다. 누군가 "성서는 분명히 이렇게 가르친다"고 말할 때는 합리적인 논쟁이 필요한 부분에서 논쟁을 종결시키기 위해 성서의 권위를 활용하는 경우일 때가 많다. 과연 우리는 성서를 올바르게 해석할 수 있을까? 아니면 바울이 말했듯 "하느님께서 나를 아신 것과 같이, 내가 온전히 알게 될"(1고린 13:12) 때를 기다려야 할까?

마지막 장인 6장에서는 21세기를 살아가는 그리스도교인이라면 피할 수 없는 질문을 다룬다. '예수는 하느님의 마지막 계시인가?' 전통적으로 그리스도교인들은 예수 그리스도 안에 있는 하느님의 계시는 "타의 추종을 불허한다"고 주장했다. 우리는 어떤 의미에서 이를 긍정해야 할까? 무슬림에게는 이를 어떻게 말할 수 있을 것인가? 불교 신자에게는? 그리스도교인은 다른 어떤 이야기도 예수의 이야기를 대체할 수 없다고 단언할 것이다. 하지만 그렇다고 해서 하느님이 우리에게 더는 하실 말씀이 없다고 말하지는 않을 것이다. 그리스도교 역사에서 예수의 정체성이 변해왔던 것을 감안하면, 성육신하신 말씀이 마침내 알려지게 된 곳은 어디라고 말할 수 있을까? 세계를 개종시키려는 그리스도교인들의 노력이 여러 제국주의와 얼마나 자주 얽혔는지를 감안하면, 하느님이 정말로 모든 사람이 그리스도교인이 되기를 원한다고 확신할 수 있을까?

제2장

누구 내 예수 아는 분 있나요?

- 교리와 낭만주의 사이에서

이전 장에는 예수의 정체성에 대한 질문이 근대 유럽, 나아가 미국 그리스도교라는 종교 풍토에서 어떻게 중심 주제가 되었는지를 살펴보았다. 그리고 이러한 질문에 답하기 위해 엄정한 역사학, 과학적 역사에 대한 과도한 희망이 어떻게 일어났는지, 하지만 역사주의의 약속에 대한 광범위한 환멸로 인해 그 희망이 어떻게 사라지고 혼란이 일어났는지도 살펴보았다. 이번 장에서 우리는 '역사적 예수 탐구'와 관련된 몇 가지 구체적인 문제점을 좀 더 자세히 살펴보려고 한다. 이 운동의 폐허에서 무언가 건져낼 만한 것이 있을까? 아니면 최소한, 그 실패로부터 배울 수 있는 교훈은 없을까?

역사적 예수에 대한 오래된 탐구와 새로운 탐구

알베르트 슈바이처는 『예수 생애 연구사』 마지막 장에서 일종의 부고 기사처럼 들리는 글을 썼다.

> 예수의 생애에 대한 비판적 연구의 결과물보다 더 부정적인 것은 없다.[1]

물론 이런 점을 스스로 인지하고 있으면서도 슈바이처는 그보다 5년 전 예수 생애에 관한 자기 나름의 전기를 펴냈다.[2] 이 거부할 수 없는 유혹은 지금도 계속되고 있다. 역사적 예수의 생애를 기술하려는 운동은 야생 고양이보다 더 질긴 생명력을 지닌 것 같다. 수많은 저명 학자가 이 운동을 땅에 묻어버리려 했다는 사실을 염두에 두면 이 운동의 부흥은 더 놀랍게 다가온다. 20세기 가장 영향력 있는 신약학자였던 루돌프 불트만Rudolf Bultmann과 가장 중요한 개신교 신학자인 칼 바르트Karl Barth조차 역사적 예수 연구를 중단시킬 수 없었다.

불트만은 학생 시절 19세기 후반 학계의 주류였던 낙관적인

---

1 Albert Schweitzer, *The Quest of the Historical Jesus*, 478.

2 Albert Schweitzer, *Das Messianitäts- und Leidensgeheimnis: eine Skizze des Lebens Jesu* (Tübingen: J.C.B.Mohr P.Siebeck, 1901(1956년에 재출간)). 영문판은 다음과 같다. Albert Schweitzer, *The Mystery of the Kingdom of God: The Secret of Jesus' Messiahship and Passion* (New York: Schocken, 1964(originally pub. 1914)).

자유주의 신학과 근대 성서 주석의 바탕을 이루는 엄격한 문헌학, 역사학 교육을 받았다. 하지만 그는 곧바로 벌어진 제1차 세계대전으로 인해 유럽이 가지고 있던 자기 확신이 산산조각 나고 자유주의자들의 낙관주의가 무너지는 것을 직접 경험했다. 당시 독일의 본 대학에서 가르쳤던 스위스인 학자 칼 바르트의 경우에는 이 경험에 더 격렬히 반응했다. 바르트와 불트만은 서로 다른 방식으로 덴마크 작가 쇠얀 키에르케고어Søren Kierkegaard의 색다르고 시적이며, 종종 아이러니한(그중 하나는 실제로 이런 제목을 가지고 있다) 저술들에서 "그리스도교 세계에 대한 공격"Attack upon Christendom으로부터 교회와 학계 모두가 문화의 포로가 된 현상을 돌파할 수 있는 새로운 "변증법적" 신학의 길을 발견했다.[3] 1930년대에 나치당이 교회와 대학을 장악하기 시작하면서 이런 포로 현상은 기괴하고 무서운 방향으로 바뀌었다. 독일에서 쫓겨난 바르트는 고국 스위스로 돌아와 국경 넘어 독일의 상황을 비판했고, 점차 키에르케고어의 실존주의에서, 역사비평의 성과를 받아들이되 지극히 전통에 충실하면서도 동시에 철저하게 이를 다시 사유해 "교회 교의학"을 집필했다.[4] 불트만은 마르부르크 대학교 신약학 교수직을 유지하면서 키에르케고

[3] Søren Kierkegaard, *Attack Upon "Christendom" 1854-1855* (Princeton, NJ: Princeton University Press, 1968). 『기독교의 공격』(카리스아카데미).

[4] Karl Barth, *Church Dogmatics* (Edinburgh: T. & T. Clark, 1957). 『교회 교의학』(대한기독교서회)

어가 촉발하고 마르부르크 대학교에서는 마르틴 하이데거Martin Heidegger가 대표하던 실존주의 철학에 자신의 신학적 기초를 뿌리내리는 작업을 했다(1933년까지 나치당을 지지했던 하이데거는 불트만과는 정치적으로 정반대 입장에 있었다. 그럼에도 불구하고 하이데거는 불트만에게 주요 스승으로 남았다).

바르트의 신학에도, 불트만의 신학에도 '역사적 예수'를 위한 자리는 없었다. 바르트는 예수 안에서 성육신하고, 성서의 말씀과 교회의 설교를 통해 분별할 수 있으며, 오랜 기간 교회가 정립한 신경과 교리에 담긴 '하느님 말씀'의 역사를 중시했다. 불트만은 하느님이 직접 말씀하신 것으로 이해되는 예수와의 인격적인 만남을 중시했다(그리고 인간은 이에 응답해야만 한다고 생각했다). 누군가는 '예수와의 만남'이라는 표현을 접하면 대중을 위한 무수한 예수 전기들을 낳은 원동력 중 하나인 예수에 대한 신심을 떠올릴지도 모르겠다(실제로 불트만은 루터교 경건주의에 큰 영향을 받았다). 하지만 그에게 예수와의 만남은 훨씬 더 엄숙한 현상이었다. 예수와의 만남은 이야기 속 나자렛의 예언자와 정서적 동일시를 이루는 것이 아니라 예수에 대한 '선포', 케리그마에 대한 결단을 의미했다. 불트만에게 예수에 대한 객관적 사실에 대한 탐구는 사람들이 궁극적인 결단이라는 책임을 회피하려는 방법 중 하나에 불과했다(철저한 개신교인이었던 그는 교회의 성사들도 교회가 안정을 위해 인위적으로 만들어낸 관습으로 보았다). 이에 맞서 그는 어떤 구조나 확실성의 지지를 받지 않고 매 순간 새로운 결단으로 살아가야 한다고 이야기했다. 1926년 불트만은 『단지 예수』simply Jesus라는 책을 출간했으나, 그 출간 의도는 예수의 생애를 기술하려는 운동과 거리가 멀었다. 그는 "엄밀히 말해 우리는 예수라는 인격체에 관해서는 아무것도 알 수 없다"고 확신했고, 이와 관련된 모든 질문은 "부차적"이라고 여겼다.[5]

바르트가 예수에 관한 역사적 질문을 다룬 후속 연구에 미친 영향은 미미했고, 신약학 전반에 미친 영향은 기껏해야 간접적이었다. 하지만 제2차 세계대전과 이후 냉전 기간 그의 저술과 강한 정치적, 윤리적 선언은 유럽과 미국 신학계에 거대한 영향력을 행사했다. 역사적 예수 문제에 대해 바르트주의자들은 대체로 침묵했지만, 중요한 예외가 있었다. 영어권에서 가장 중요한 바르트 해석자인 한스 프라이는 근대적 의미에서의 예수의 역사가 아닌 "역사 같은 형태를 지닌" 복음서 서사에 특별한 관심을 기울였다. 그는 복음서가 "예수 그리스도의 정체성"을 표현하는 데 모자람이 없다고 생각했으며 이를 역사적 연대기보다는 현대 사실주의 소설을 읽듯 읽어야 한다고 생각했다.[6] 해석과 관련된 근본적인 질문에 한스 프라이와 그의 제자들이 어떠한

---

5 Rudolf Bultmann, *Jesus and the Word* (New York: Schribner's, 1958), 9.

6 Hans W. Frei, *The Eclipse of Biblical Narrative: A Study in Eighteenth- and Nineteenth-Century Hermeneutics* (New Haven, CT: Yale University Press, 1974). 『성서 내러티브의 상실』(감은사). 그리고 다음을 보라. Hans W. Frei, *The Identity of Jesus Christ, the Hermeneutical Bases of Dogmatic Theology* (1967, repr. Philadelphia: Fortress Press, 1975).

기여를 했는지는 다음 장에서 다시 살펴볼 것이다. 그러나 이들의 사유가 나아간 길은 역사적 예수 탐구 분야의 거물들이 나아갔던 고속도로와는 겹치는 부분이 거의 없었다.

불트만과 그의 제자들의 경우는 바르트의 경우와 사뭇 달랐다. 전쟁이 끝난 후 불트만의 제자들은 신약학과 관련된 독일 유수 대학의 거의 모든 중요한 자리를 차지했다. 독일에서 공부한 미국인들 덕분에 불트만 학파는 북미권에도 영향력을 행사하게 되었다. 50~70년대에 그들은 신약학 분야의 전문 토론과 학술 출판 대부분을 지배했다. 그 결과 이 시기 불트만 학파의 (슈바이처의 표현을 빌리면) "철저한 회의론"에 저항하는 보수적인 학계에 속한 이들을 제외한다면, 역사적 예수를 발견하려는 신약학자들의 열의는 시들해졌다. 아이러니한 점은 근대 역사학이라는 도구를 활용해 예수를 교회의 교리에서 해방시키려 노력했던 이들, 즉 역사적 예수의 생애 운동을 일으킨 이들은 신학적 자유주의자들이었지만, 이 시기에는 신학적 보수주의자들이 오히려 이 도구를 적극적으로 활용했다는 점이다. 신학적 자유주의자들과는 반대로, 그리고 불트만 학파의 역사에 대한 회의론에 맞서 그들은 전통적인 예수상을 뒷받침할 그럴듯한 사실을 복음서에서 찾아내 교리의 정당성을 뒷받침하려 했다. 좀 더 놀라운 점은 불트만 학파의 중심부에서 역사적 예수 탐구가 다시 살아났다는 것이다. 1953년, 불트만의 제자들이 모인 '올드 마르부르크' 모임에서 이 모임을 대표하던 인물인 에른스트 케제만Ernst Käsemann

은 「역사적 예수의 문제」Das Problem des historischen Jesus라는 논문을 발표했다. 케제만은 보수주의와 자유주의 사이의 이 아이러니한 "전선의 변화"를 지적하며, 불트만의 실존주의 노선을 따르는 자유주의자들에게 지상에서 살았던 예수의 정체성에 대한 질문을 다시금 진지하게 받아들일 것을 촉구했다. 그렇지 않으면 교회는 추상적이고 "이름 없는" 복음을 전파하여 "도덕주의와 신비주의"로 빠져들 위험이 있다고 그는 생각했다. 케제만이 보기에 예수의 초기 추종자들에게는 결코 그런 일이 일어나지 않았다. 예수에 대한 그들의 기억은 십자가 사건과 첫 번째 부활절 이후 발생한 경험들에 의해 형성되었지만, 그 기억은 여전히 특정 시간과 장소에서 활동했던, 이 땅에서 살았던 한 개인과 연결되어 있었다. 케제만은 예수의 전기를 쓰는 것은 불가능하지만, 비판적인 주석 작업을 통해 예수의 설교와 초기 그리스도인들의 설교 사이의 연속성을 입증할 수 있다고 생각했다.[7]

스승인 불트만은 역사적 예수에 대한 새로운 탐구를 요청하는 케제만의 제안에 냉담했지만, 불트만 학파의 다른 학자들

[7] Ernst Käsemann, 'Das Problem des historischen Jesus', *Exegetische Versuche und Besinnungen* (Göttingen: Vandenhoeck & Ruprecht, 1964), 1:187~214. 영문판은 다음 저서에서 볼 수 있다. Ernst Käsemann, 'The Problem of the Historical Jesus', *Essays on New Testament Themes* (London: SCM, 1964), 15~47. 이에 대한 불트만의 응답은 다음을 보라. Rudolf Bultmann, 'The Primitive Christian Kerygma and the Historical Jesus', *The Historical Jesus and the Kerygmatic Christ: Essays on the New Quest of the Historical Jesus* (New York and Nashville: Abingdom, 1964), 15~42.

이 도전에 나서면서 '역사적 예수의 새로운 탐구'가 탄생했다.[8] 1960년대 초 대학원에 내가 입학했을 때, 이 새로운 탐구의 분위기는 한창 뜨거웠다. 운동은 흥망성쇠를 거듭했다. 그러나 신자유주의적neoliberal이었던 불트만주의자들의 출판물이 아무리 쏟아져나와도, 옛 탐구에 대해 슈바이처가 내린 부정적 결론을 바꾸지는 못했다. 실존주의 범주에서 역사를 재정의하려는 시도는 유행이 지났고, 신약성서의 신화와 신비를 현대적인 사고방식으로 번역해 낸 (불트만의 표현을 빌리면) "올바른 철학"을 찾으려는 시도는 다른 시도들이 그랬듯 사라져 버렸다.[9] 그러나 예수에 대해 역사적 사실을 발견하고, 그를 단번에 설명할 수 있는 숨겨진 열쇠를 찾으려 하는 근대주의자의 열망은 보수주의자와 자유주의자, 종교를 경멸하는 교양인과 순진한 신자 모두가 공유하고 있었다. 학계에서 은퇴한 지 몇 년이 지난 지금, 나는 지난 반세기 간의 이 논쟁을 되돌아보면서 '다시 새로운 탐구'라고 부를 수 있을 만한 책, 보도자료, 텔레비전 인터뷰가 국가적인 추문에 비견할 수 있을 만큼 빠른 속도로 쏟아져 나오는 것을 발견한다. 그럴 때마다 기시감이 드는 것은 어쩌면 당연한 일인지도 모르겠다.

기존의 '새로운 탐구'에 새로운 것이 거의 없었기 때문에 '다

[8] James M.Robinson, *A New Quest of the Historical Jesus, Studies*, Biblical Theology 25 (London: SCM Press, 1959).

[9] Rudolf Bultmann, *Jesus Christ and Mythology* (New York: Scribner's, 1958), 55.

시 새로운 탐구'에도 새로운 것은 거의 없다. 다만 이전 18, 19세기의 역사적 예수 탐구와 한 가지 중요한 차이는 있다. 그건 바로 자료들로부터 찾으려 하는 이상적인 예수에 대한 개념이 바뀌었고, 자기 자신의 머리에 성유를 부은 전문가들은 저 예수, 현대인들이 원하는 예수를 책임감 있게 (그리고 자신에게 이익이 되게) 정확히 요리해 제공한다는 점이다. 그들은 전문성을 발휘해 전통에서 불쾌감을 주는 공격적 부분들(종말론, 최후의 심판, 과도한 유대인성)을 도려내며, 19세기 최신 기법으로 실제 예수는 그런 불쾌한 말을 했을 수 없다고 입증한다. 그리고 이전에는 알려지지 않았던 문서들에서 실제 예수는 우리가 신문 사설의 대상으로 쓰고 싶은 종류의 인물이었음을 입증하는 반박할 수 없는 증거들을 발견한다. 여기에는 명확한 의도가 있으며 그 결과는 진부하기 짝이 없다.

이제 이 문제는 더는 단순히 학자들의 게임, 그들이 부수입을 올리고 15분 정도의 유명세를 얻기 위한 방법이 아니다. 멜 깁슨Mel Gibson의 가학성애자 예수부터 댄 브라운Dan Brown의 열광적이고 부주의한 상상력이 만들어낸 막달라 마리아의 비밀 연인에 이르기까지, 대중문화는 수많은 예수를 받아들일 수 있고, 또 만들어 낼 수 있다. 슈트라우스가 "독일 국민을 위한 예수의 생애"를 구성하면서 시작된 궤적이 정점zenith에 이른 것이다. 예수에 관련된 대중 서적이 수십만 부가 팔리고 예수를 다룬 영화가 박스오피스에서 10억 달러의 수익을 올렸다는 사실은 이를 분명하게 보여준다. 왜 이런 소란이 일어나는 것일까? 그냥 '예수'와 구별되는 '역사적' 예수는 왜 그토록 화젯거리가 될까? 이전 장에서 살펴보았듯, 이 질문은 나름의 역사를 갖고 있다. 이 지점에서 이 질문과 관련된 역사의 주요 지점을 간략하게나마 살펴보도록 하겠다.

권위로부터의 도피

역사적 예수 연구의 역사는 제프리 스타우트Jeffrey Stout*가 "권위로부터의 도피"라고 불렀던 흐름의 일부라고 할 수 있다.[10] 이 책에서 그는 근대가 시작된 이래 서구 세계가 지식과 신뢰할 수 있는 가치를 확보하고자 했던 토대들이 어떻게 차례대로 실패했는지를 묘사한다. 이 과정은 의심과 환멸의 역사이면서 동시에 신앙의 자유와 정의로운 사회 질서에 대한 희망을 끊임없이 되살려 온 역사이기도 했다. 또한, 공적 권위의 허상을 폭로하는 이야기인 동시에 만족스러운 사적 권위를 추구하는 이야기이기도 하다. 모든 현대인은 공공 영역에서, 그리고 제도상 인정하는

* 제프리 스타우트(1950~)는 미국의 종교학자이자 철학자다. 브라운 대학교에서 공부한 뒤 프린스턴 대학교에서 박사 학위를 받았다. 이후 1975년부터 2018년까지 프린스턴 대학교의 종교학과 교수로 활동했다. 종교, 정치, 영화에 관한 다양한 저술을 펴냈다. 주요 저서로 『권위로부터의 도피』The Flight from Authority, 『바벨 이후의 윤리』Ethics after Babel, 『민주주의와 전통』Democracy and Tradition 등이 있다.

[10] Jeffrey Stout, *The Flight from Authority: Religion, Morality, and the Quest for Autonomy* (Notre Dame, IN, and London: University of Notre Dame Press, 1981).

권위 방식에 대한 불신과 깊은 믿음, 희망에 대한 갈망 사이에서 갈등하고 있다.

이 이야기는 자신을 '진보주의자'라고 생각하든 '보수주의자'라고 생각하든, 우리 모두가 등장인물인 명백한 근대주의자의 이야기다. 근대주의의 역사는 정당한 의심의 역사라고 기록될 수 있다.

종교개혁

종교개혁자들은 로마 교황청의 권위를 의심했다. 그들은 "산 너머에서 내려오는" 제도적인 통제와 두려움으로 신앙을 다스리던, 또한 부수적으로 많은 독일의 돈을 성 베드로 대성당의 금고로 계속 가져갔던 참회 제도로부터 자유로워지기를 원했다. 루터Martin Luther, 칼뱅Jean Calvin, 츠빙글리Ulrich Zwingli 등은 현대적 의미의 개인주의자는 아니었지만, 죄의 개인적 차원과 양심의 자유, 성서의 직접적 명료함을 강조함으로써 개인주의의 길을 닦는 데 기여했다. 그들은 '오직 성서'sola scriptura라는 표어를 통해 모든 사람이 스스로 성서를 읽을 수 있다고 제안했으며, 성서의 투명함perspicuitas이라는 더 복잡한 교리를 통해 성직자의 도움 없이도 독자 개인이 스스로 성서에 담긴 의미를 찾아낼 수 있음을 암시했다. 그들에 따르면 "교황과 공의회도 잘못을 저지"를 수 있었다(물론 종교개혁자들의 의도는 결코 단순하지 않았다. 그랬다면 그들이 그렇게 많은 주석서를 쓸 필요도 없었을 것이다. 그렇지만 이건 조금

결이 다른 이야기이다. 이 문제에 대해서는 5장에서 더 자세히 다룰 것이다). 요점은 누군가 적극적으로 진실을 숨기지 않는 한, 개인은 스스로 이 모든 것이 무엇을 의미하는지 알아낼 수 있다는 것이다. 그리고 사람들이 진실을 숨기려 한다고 의심할 만한 이유는 언제나 있었다.

계몽주의

이렇게 의심의 요정이 유리병 밖으로 나왔고, 이제는 누구도 그를 통제할 수 없었다. 17세기와 18세기 런던, 에든버러, 파리 등에서 활동하던 지식인 집단은 교회의 위계와 구조뿐만 아니라 모든 종류의 교리와 전통을 의심하기 시작했다. '하느님께서 스스로 생각하라고 우리에게 정신을 주시지 않았다면, 왜 우리에게 정신이 있다는 말인가?' 그들은 인류의 위대한 과제, 그리고 인류를 교육해야 하는 이유는 정신을 해방시켜 외부의 권위에서 벗어난 순수한 이성의 힘을 사용해 명백한 진리를 발견하는 것이라고 보았다. 데카르트가 따뜻한 난로 옆에서 합리적으로 의심할 수 있는 모든 것을 의심했을 때, 거기, 인간에게는 다른 모든 지식이 놓일 수 있는 명확한 토대가 남아 있었다.

근대 과학

세 번째 위대한 의심의 운동은 근대 과학의 부상이다. 이는 오늘날 세상을 크게 변화시켰기에 우리에게 가장 생생하게 다가

온다. 계몽주의 시대부터 물리학의 선구자들은 신비와 미신을 의심하는 법에 대해 배웠다. 그들은 계몽주의 시대에도 널리 퍼져있던 연역적 과학에서 벗어나 정보를 수집하고, 가설을 세우고, 통제된 실험을 통해 실험하는 과정을 체계적으로 조직함으로써 관찰과 이성이 지닌 힘을 해방시키려 했다. 방법은 이제 진리에 이르는 수단이 되었다. 그들은 세계가 탈신화화되면, 부당한 믿음으로 여겼던 미신으로부터 해방되면 실제 세계가 작동하는 방식을 발견할 수 있다고 믿었다.

해방의 이야기

누군가는 의혹에 관한 이야기를 지나치게 냉소적인 학자의 시선으로 그린다고 이야기할지도 모르겠다. 물론, 우리는 이 이야기가 해방의 이야기이기도 하다는 점을 기억해야 한다. 이 이야기들은 다양한 형태로 현대인들을 형성한 이야기, 즉 진보와 진보적 자유에 관한 이야기다. 가장 고귀한 의미에서 이 이야기는 우리를 억압하는 이들, 심지어 (20세기 말 빈에서 일어난 일을 들자면) 우리 자신 안에 있는 억압적인 초자아에 대항해 무기를 들라는 요청이었다. 이 이야기에 속한 이들은 제도, 교리, 과거부터 내려오는 편견의 억압으로부터 개인의 양심과 탐구하는 정신을 해방시켜 세상을 있는 그대로, 생생하고 깨끗하게 보라고, 그리하여 인류의 번영을 위한 기회로 삼으라고 촉구했다.

현대인인 우리는 모두 냉소주의자다. 저 이야기의 많은 약속

이 공허하다고 느끼며, 전체 이야기를 망상으로 간주하고, 거부하고픈 유혹을 받는다. 하지만 그다음에는 어떻게 해야 할까? 우리 스스로 고안해 낸 새로운 권위주의로 후퇴해야 할까? 아니면 포스트모더니즘의 (과도한) 주장을 따라 모든 것을 포용하는 회의론으로, 즉 진리도, 초월도, 선한 것도, 지속되는 것도 없는 지루한 세계로 들어가야 할까?

우파의 기회주의나 좌파의 냉소주의에 굴복하기 전에 잠시 멈춰서 기억하자. 때때로 현실에서는 실제로 해방이 일어났고, 이는 언제나 인류에게 소중했다. 나는 근본주의 성향이 강하고 인종차별이 일상화된 미국 남부의 작은 마을에서 자랐고 저 해방의 역사를 일부나마 경험했다. 나는 종교개혁, 계몽주의, 과학이 나에게 해준 일에 깊이 감사하고 있으며 그 모든 유산을 버릴 생각은 없다.

부정적인 측면들

그럼에도 불구하고 해방의 이야기가 몇 가지 중요한 부분들을 무시한 것은 사실이다. 그리고 근대주의적 투쟁(근대주의를 지지하는 이들과 근대주의를 반대하는 반동주의자들의 투쟁)은 신학 및 성서 해석과 관련해 우리를 막다른 골목으로 내몬다. 이 과정에서 역사적 예수 탐구는 위축되고 왜곡된다. 현대 신학과 성서 해석을 놓고 보면 크게 네 가지 측면에서 문제가 있다.

1. 100년 전에 있던 근대주의와 근본주의의 논쟁은 논쟁의 양쪽 중 어느 쪽에 있든 문자주의literalism에 특권을 부여하는 습관을 우리에게 남겼다. 한스 프라이가 조심스럽게 설명했듯, 우리가 성서를 사실이라고 말할 때, 이는 반드시 자연에서 일어나는 사실이나 역사적 사건을 의미한다고 가정하는 데서 실수가 발생한다. 그 결과 서사가 진리와 진실을 전달할 수 있는 다른 방식은 체계적으로 "가려졌다".[11] 논쟁하는 양쪽 모두 같은 함정에 빠졌다는 점에 유의해야 한다. 한쪽에서는 역사비평가들이 예수는 실제로 이런 말을 했을 가능성이 낮다거나 예수에 관한 여러 이야기가 예수 당시의 로마 갈릴리 및 유대 상황보다는 초기 교회의 상황을 전제로 한 것 같다는 등의 논리를 펼쳤다. 다른 한편에서는 신실한 신자들이 고고학과 역사학의 실증주의 방법을 사용하여 성서가 말하는 대로 모든 일이 일어났다는 것을 입증하려 노력했다. 그렇게 근대에 이르러 "본문의 평이한 의미" 또는 "문자적 의미"라고 하는 말은 전근대 시대에 동일한 문구가 의미했던 것과는 전혀 다른 것을 의미하게 되었다. 이 질문은 다음 장에서 다시 다루도록 하겠다.

2. 두 번째 왜곡은 조지 린드벡George Lindbeck*이 인지주의 종교 모형이라고 부른 것을 무의식적으로 받아들인 것이다.[12] 우리는 오

---

[11] Hans W. Frei, *The Eclipse of Biblical Narratives*.

* 조지 린드벡(1923~2018)은 미국의 루터교 신학자다. 예일 대학교에서 신

랜 신학 논쟁의 역사를 통해 신념belief과 교리가 신자와 불신자 모두의 신앙faith을 규정한다고 생각하도록 유혹을 받아왔다. 신학대학원이나 학부에서 전문 신학자로서 생계를 유지하는 사람들이 이러한 논쟁을 지속했다는 사실을 감안하면 당연한 일이다. 이 인지주의 종교 모형은 평신도들에게도 영향을 미쳐, 예수가 누구인지에 대한 이해뿐 아니라 예수가 누구인지에 대한 질문 방식도 왜곡시켰다. 로마 가톨릭 신자들 사이에서 인지주의 모형은 주로 교리문답을 통해 일반 신자들에게 전달되었으나('볼티모어 교리문답'the Baltimore Catechism은 이전 세대 많은 로마 가톨릭 신자들의 이해를 형성했다) 언제나 전례와 공동체라는 맥락 속에서 이루어져 그리스도인의 삶을 형성하는 데 교리만 고립되는 것을 막았다. 교리는 종교개혁 이후 개신교와 로마 가톨릭, 그리고 여러 개신교 종파 사이의 갈등을 유산으로 물려받으면서 개신교의 자기 이해에 훨씬 더 결정적인 역할을 하게 되었다. 특히 제1차 세계대전 직후부터 시작된 근본주의 운동은 많은 평신도에게

학을 공부했으며, 중세 연구소와 파리 고등연구 실습원을 거친 후에 1955년 예일 대학교에서 박사 학위를 받았다. 이후 1952년부터 1993년까지 예일 대학교 신학대학원 교수를 지냈다. 루터교와 로마 가톨릭 교회의 대화에 중요한 역할을 하였으며, 문화-언어 종교이론에 기초하여 근대 자유주의 신학을 거부하는 후기 자유주의 신학postliberal theology을 주창하였다. 주요 저서로 『후기 자유주의 시대의 교회』The Church in a Postliberal Age(후기 자유주의 시대의 교회)가 있으며 한국에는 『교리의 본성』(도서출판 100)이 소개된 바 있다.

[12] George A. Lindbeck, *The Nature of Doctrine: Religion and Theology in a Post-Liberal Age* (Philadelphia: Westminster Press, 1984), 16. 『교리의 본성』(도서출판 100).

예수의 동정녀 탄생이나 성서의 '무오성' 등 논란의 여지가 있는 특정 명제를 긍정하느냐 혹은 부정하느냐에 따라 신앙의 유무가 결정된다고 설득했다. 이러한 공식들은 삶의 규칙이 아니라 논쟁할 때 피아식별을 위한 관습에 불과하다. 잠시만 생각해 보더라도 짧은 명제들로는 신앙의 중심을 설명할 수 없음을 알 수 있다. 신학을 일종의 유용한 공식으로 표현하고자 한다면 신앙생활의 문법이라 할 수 있지만, 언어는 문법만으로 이루어져 있지 않으며, 삶은 언제나 언어와 문법 그 이상이다.

3. 세 번째 왜곡은 현대 사회에 만연한 개인주의다. 종교 영역에서 이러한 개인주의는 우리가 매일 듣는 엉터리 묘책에 잘 담겨 있다. '종교는 사적인 문제다.' 많은 사람이 이를 마치 해가 뜨듯 자명한 진리인 것처럼 말한다. 그러나 이러한 공식은 사실 미국 헌법 권리장전에 명시된, 통치 당국이 종교적 신념이나 실천을 강요해서는 안 된다는 정치적 방침을 표현한 것임을 인식해야 한다. 이는 미국 건국의 아버지들이 전근대 유럽의 종교 전쟁이라는 쓰라린 경험에서, 그리고 아마도 식민지 시절 여러 종교 기관으로부터 배운 교훈이었다. 법으로 규정된 이 정책은 적어도 미국에서는 다소 성공을 거두었을지도 모른다. 하지만 종교가 작동하는 일반적인 방식에 대한 설명으로 오인될 때 그 결과는 완전한 혼란이었다. 우리는 최근 몇 년 동안 이런 혼란의 많은 예를 보았으며 일부는 교회와 국가 사이의 헌법적인 벽을 허

묻고 싶어 하는 정치적 세력이 의도적으로 조장했다. 따라서 최소한 순진한 개인주의에 근거해 너무 자주 주장되어 온 정치적 자유를 위해서라도 이제는 개인의 정체성에 대한 사회적 현실에 대해 신중하게 생각해 보아야 한다. 좋든 나쁘든 종교는 언제나 사적인 문제가 아니었으며 사회, 공동체라는 차원을 무시하면 종교 현상을 이해할 수 없다.

4. 현대 종교의 네 번째 왜곡은 낭만주의다. 신학자들은 마치 개념이 생명인 것처럼 여기며 인지주의 모형을 사용하지만, 우리 중 대다수는 궁극적으로 감정이 이성을 능가한다. 그리고 우리가 진정 누구인지에 대해 이야기할 때, 자의식self-consciousness과 자기 인식self-awareness은 자신의 정체성에 대해 생각하는 방식의 중심을 이룬다.

문자주의, 인지주의, 개인주의, 그리고 낭만주의는 모두 우리가 누구인지, 즉 특정 사람이 된다는 사실이 무엇을 의미하는지를 감지하는 데 영향을 미친다. 이 모든 것은 우리가 예수의 정체성에 대해 생각하는 방식에도 영향을 미친다. 모든 시대는 예수의 인격에 대해 묘사할 때 그 시대가 당연하게 여기는 정체성 모형을 사용하기 때문이다. 한때 여름 캠프에서 즐겨 불렀던 찬송가들은 이를 아주 잘 드러낸다.

"예수 안에 있는 최고의 친구"

"예수, 내 영혼의 연인."

"예수, 당신을 생각만 해도

가슴에 달콤함이 가득하고

당신 얼굴 멀리서 볼수록 더 달콤하고

당신께서 함께하시면 안식하네."

"예수 사랑하심은 … 성경에 써 있네."

찬송가 《정원에서》 역시 마찬가지다.

홀로 정원에 왔다네.

장미에 아직 이슬이 맺혀 있을 때

내 귀에 음성이 들리니

하느님의 아들이 자신을 드러내셨네.

그분 나와 걸으시네. 그분 나와 대화하시네.

내가 그분의 소유라 말씀하시네.

그곳에서 우리가 머무르며 나눈 기쁨은,

다른 누구도 알지 못하네.*

이런 (어떤 면에서는 에로티시즘도 엿보이는) 낭만주의가 순전히 현

---

* 한국에서는 『새찬송가』(한국찬송가공회, 2006)에 《저 장미꽃 위에 이슬》(442장)이라는 제목으로 수록되어 있다.

대에 일어난 현상이라고 말하는 것은 불공평할 수 있다(여기서 인용한 구절 중 하나는 클레르보의 베르나르두스Bernard of Clairvaux가 썼다). 그러나 위에 나온 가사들에 모두 등장하는 일인칭 단수, 전반에 흐르고 있는 감상성sentimentality, 나와 예수 이외의 세상에 대한 관심의 부재 등은 근대 낭만주의 종교의 징표들이다. 이러한 종류의 그리스도교에서는 "당신은 예수를 당신의 구세주로 받아들이십니까?"라는 질문만이 중요하다고 주장한다. 알베르트 슈바이처조차 역사적 예수 생애 운동의 과장과 실패를 탁월하게 정리한 다음, 책 말미에서 외로운 낭만주의로 돌아간다.

> 교회 교리의 족쇄에서 해방된 예수는 우리에게 알려지지 않은 분으로, 예전처럼 이름도 없이 와서, 호숫가에서, 자신이 누군지 모르는 사람들에게 다가온다. 그는 같은 말을 한다. "나를 따르라!"[13]

그는 자신만의 낭만적 예수 전기를 쓴 후, 랑바레네의 정글로, 신비한 이방인들을 만나러 떠났다.

그리스도교의 오랜 역사 속에서 예수가 누구인지를 생각하는 방식은 매우 다양했다. 앞에서 모닥불 주변에서 부를법한 낭만주의적인 찬송을 언급했다면, 이제는 또 다른 찬송을 소개해 보

---

[13] Albert Schweitzer Schweitzer, *The Quest of the Historical Jesus*, 487.

겠다. 이 찬송은 예수 추종자들이 부른 것 중 현재까지 알려진 가장 초기의 노래다.

기름 부음 받으신 예수,
하느님의 형상을 가지셨으나
이를 뜻밖의 횡재로 여기지 않으셨다.
하느님과 동등하기 위해
자신을 비우시고
종의 형체를 가져
사람의 모양을 닮아
사람의 모습을 취하셨고
자신을 낮추셔서
죽기까지 복종하셨다.
그렇다. 십자가의 죽음에 순종하셨다.
그러므로 하느님은 그를 높이 들어 올리셨고
그에게 이름을 부여하셨다.
모든 이름보다 높은 이름을
그래서 예수의 이름에
우리는 모두 무릎 꿇어야 한다.
하늘에 있는 자들과 땅에 있는 자들,
그리고 지옥에 있는 자들 모두.
그리고 모든 혀는 크게 외쳐야 한다.

주님은 예수 그리스도이다.

하느님 아버지께 영광을.[14]

이 찬송이 그리는 예수는 전형적인 "지중해 지역의 소농"도 아니며, 평범한 "변두리 유대인"도 아니다. 현대 역사적 예수 연구가들이 그리는 이런 초상의 정확성에 대한 의문은 잠시 제쳐둔다 해도, 이들이 묘사한 예수는 역사를 만든 사람이 아니다. 우리가 그리스도교로 알고 있는, 문화사에 일어난 거대한 변화를 낳은 이는 지중해 지역의 소농도, 소외된 민중의 영웅도, 갈릴리의 냉소주의자도 아니다. 그는 찬송가에 등장하는 신비로운 하느님과 동일하며, 그의 십자가 처형은 식민지 상황에서 흔히 일어난 또 하나의 잔인한 살육, 단순한 순교, 혹은 연민을 자아내는 억울한 이의 죽음(당시에도, 오늘날에도 이러한 일은 너무나도 많이 일어난다) 그 이상의 의미를 지닌다. 초기 그리스도인들의 시에서, 그의 수치스러운 죽음은 인류의 이야기의 중심축이, 은총이 드러난 최상의 사례이자 하느님의 궁극적인 자기 계시가 되었다. 학계의 역사가들은 시poetry가 역사를 만들어 낼 수 있다고 믿기 어려워한다. 그러나 나는 이것이 실제로 일어났다고 생각한다.

그렇다면 이 시는 어떻게 탄생했을까? 이 질문이야말로 현대

---

14 필립비인들에게 보낸 편지 2:5~11, 저자의 번역.

성서학계를 괴롭혀 온 가장 흥미로운 질문이다. 갈릴리의 목수가 어떻게 하늘에서 온 신과 동등한 사자envoy, 마지막 아담, 새로운 사람, 하느님과 함께 우주를 창조한 이, 세상의 구원자, 하느님의 아들, 하늘과 땅과 지옥의 주님이 될 수 있었을까? 이 과정에 대한 설명들이 만족스럽지 않은 것은, 여러 세대에 걸쳐 학식 있고 독창적인 학자들이 충분한 노력을 기울이지 않아서가 아니다. 증거가 부족하고 단편적이어서도 아니다. 그보다는 근대주의 프로젝트 전체에 몇 가지 심각한 결함이 있으며, 이로 인해 그리스도교의 기원에 대해 우리가 던져야 할 질문들이 왜곡되었기 때문이다. 이 모든 것은 위에서 설명한 네 가지 기본 왜곡, 즉 문자주의, 인지주의, 개인주의, 낭만주의의 오류에서 비롯된다. 우리가 과거를 읽을 때 발생하는 문제 중 하나는 유레카 콤플렉스(과거에서 새롭고 흥미로운 증거를 발견하면 이를 일종의 만능 열쇠로 받아들이는 우리의 자연스러운 경향)다. 또 다른 하나는 광범위하고, 추상적인 '문화'를 어떤 일을 일으킬 수 있는 실제의 것처럼 취급하는 습관이다. 세 번째는 개인의 정체성에 대한 낭만화된 개념이다.

새로움이라는 매혹

1750년대에 보물 사냥꾼들은 기원후 79년 베수비오 화산 폭발로 인해 인근 폼페이와 함께 땅속에 묻힌 나폴리의 부유한 교외 지역, 고대 헤르쿨라네움 유적을 파헤쳤다. 그리고 거주 건물

중 한 곳에서 이집트에서 수천 년 동안 습지의 갈대 속을 파내 만든 고대 종이인 파피루스가 새겨진 두루마리를 대량으로 발견했다. 모든 두루마리는 불에 그을렸고, 많은 두루마리가 20세기가 되어서야 성공적으로 개봉되어 읽힐 수 있었지만, 고대의 이 문서들은 즉시 커다란 흥분을 불러일으켰다. 그들 중 다수는 에피쿠로스학파의 유명한 교사이자 헤르쿨라네움과 나폴리에서 가르쳤던 가다라의 필로데무스Philodemus of Gadara가 쓴 것으로, 키케로와 다른 이들이 그를 언급한 바 있다.

이와 같은 우연한 발견이 과거의 삶과 사상을 들여다볼 수 있는 창을 제공할 수 있다는 생각, 즉 지금까지 기록에 이름만 남아 있던 한 사람의 사상을 되살릴 수 있다는 생각은 400년 전, 르네상스에 영감을 주었던 서양 문화의 원천을 되찾고자 하는 열정을 되살렸다. 머지않아, 이집트에서 온 여행자들이 마른 모래에서 발굴한 파피루스 조각을 가져오기 시작했다. 1778년 그들은 첫 번째 파피루스를 스테파노 보르지아Stefano Borgia 추기경에게 선물했다. 한 세기가 지나고, 여러 곳에서 체계적인 발굴이 시작되었다. 이러한 발굴 작업과 우연한 발견을 통해 수천 쪽에 달하는 책이 만들어졌다. 그중에는 알려졌거나, 알려지지 않았던 초기 그리스도교 저술의 많은 사본을 포함한 문학 작품뿐 아니라 공적, 사적 편지, 계약서, 유언장, 상업 문서, 일상생활의

거래를 드러내는 단편들이 포함되어 있었다.[15]

파피루스 문서들이 점점 더 많이 출판되기 시작하면서, 고대 그리스도교를 연구하는 학자들은 이런 파피루스들이 그리스도교의 시작에 대한 우리의 이해에 세 가지 영역에서 혁명적인 영향을 미칠 수 있다는 사실을 점점 깨닫게 되었다. 가장 분명한 것은, 이전에 알려진 어떤 사본보다 더 오래된 신약성서 사본들이 발견되었다는 점이다. 몇몇 사본은 문서가 작성된 지 한 세기 이내에 만들어진 것이었다. 차츰 파피루스 증거를 소화해 내면서 본문 비평은 변모했다.[16] 그리스어 신약성서의 새로운 비평판본이 빠른 속도로 등장하기 시작했고, 이를 활용한 새로운 번역본이 뒤따랐다. 때로는 어떤 구절들이 가장 오래되고 가장 신뢰할 수 있는 사본에는 없는 것으로 밝혀졌고, 경건한 독자들은 자신이 좋아하는 구절이 변경되거나 심지어 각주로 강등된 것을

---

15 현재까지 약 3만 개가 출판된 것으로 추정되며, 아주 작고 단편적이며 해독하기 어려운 수많은 본문이 여전히 전 세계 곳곳의 소장처에 잠들어 있다. 이와 관련해서는 다음을 참조하라. Herwig Maehler, 'Papyrology', *Oxford Classical Dictionary* (Oxford and New York: Oxford University Press, 1996), 1109~11을 보라.

16 현대 본문 비평의 역사를 간략하게나마 살피기 위해서는 다음을 보라. Bruce Manning Metzger, *The Text of the New Testament: Its Transmission, Corruption, and Restoration* (New York: Oxford University Press, 1992). 『신약의 본문』(한국성서학연구소). 또한, 다음을 참조하라. Kurt Aland and Barbara Aland, *The Text of the New Testament: An Introduction to the Critical Editions and to the Theory and Practice of Modern Textual Criticism* (Grand Rapids: W. B. Eerdmans, 1989). 『신약성서 본문』(대한성서공회).

발견하고 놀라움을 금치 못하기도 했다.[17]

성서학에서 파피루스가 새로운 빛을 비춘 두 번째 연구 분야는 신약성서 및 대다수 초기 그리스도교인이 성서로 삼았던 히브리어 성서의 그리스어 번역본에 쓰인 그리스어의 특성이다. 오늘날 모든 성서 독자가 그리스어를 배울 때 그 그리스어는 대부분 기원전 5세기와 4세기에 쓰인 고전 그리스 문학을 기반으로 한다. 그러나 고전 그리스어의 문체와 신약성서 그리스어의 문체 사이에는 뚜렷한 차이가 있다. 교육을 잘 받은 고대의 개종자들은 복음서가 조잡한 문체를 지닌 이유를 변론하기도 했다. 그들은 이러한 문체가 성령이 겸손하게 일반 대중의 눈높이에 맞춘 결과라고 이야기했다. 근대에 와서는 더 기발한 제안이 등장했다. 신약성서 저자들은 그리스어의 새로운 방언, 독특하고 성스러운 언어인, "성령의 언어"Holy Ghost language를 사용했다는 것이다. 어떤 이들은 (좀 덜 노골적으로) 신약성서의 그리스어는 (70인역과 마찬가지로) 히브리어와 아람어 관용구의 영향을 많이 받았다고 보기도 했다.[18] 이 두 가지 제안은 젊은 목사이자 신

---

[17] 1948년 개정표준판Revised Standard Version 출간을 둘러싸고 벌어졌던 열띤 논쟁을 기억하는 이들도 있을 것이다. 1952년 개정표준판 구약성서가 완성되어 빨간색 버크람buckram 제본 형태로 출간되었을 때, 많은 보수주의자가 이를 '빨간 성서'the Red Bible라고 비난했다. 그러나 많은 복음주의자는 본문 비평의 발전과 최신 번역을 위한 노력을 열렬히 지지했다.

[18] 신약의 그리스어가 셈족 어조를 보인다는 주장은 이미 18세기 위대한 문헌학자 요한 아우구스트 에르네스티Johann August Ernesti가 한 바 있다. 이와 관련해서는 다음을 보라. William Baird, *History of New Testament*

학 강사였던 아돌프 다이스만Adolf Deissmann*이 우연히 새로운 파피루스를 발견하면서 박살 났다. 그는 신약성서의 언어가 비문학적 파피루스에서 발견되는 사적 편지, 법률 문서, 편람, 그리고 기타 잡다한 일상생활에서 쓰이던 언어와 매우 유사하다는 것을 단번에 알아차렸다. 문헌학자들을 당혹스럽게 했던 신약성서의 많은 단어가 파피루스에서, 그리고 돌에 새겨진 비문에서 발견되었고, 더 정밀해진 기술을 거쳐 출판되었다. 최초 그

Research (Minneapolis: Fortress Press, 1992~2003), 1:108~14. 케임브리지 대학교의 존 라이트풋John Lightfoot은 그보다 훨씬 일찍 신약 본문을 랍비 문헌과 면밀히 비교하기 시작했으며 19세기 말과 20세기 초에 구스타프 달만Gustav Dalman과 그의 제자들(그중에는 요아킴 예레미아스Joachim Jeremias도 있었다)도 여기에 커다란 열정을 보였다. 게르하르트 키텔Gerhard Kittel은 독특하고 궁극적으로는 자기 파괴적인 방식으로 이 탐구를 진행했으며, 그 결과 유명하지만 자주 오해의 소지가 있는 출판물이 그의 사후에 출간되었다. Gerhard kittel, Otto Bauernfeind, and Gerhard Friedrich, *Theological Dictionary of the New Testament* (Grand Rapids: Eerdmans, 1964~76). 이 부분에 대해 좀 더 살펴보고 싶은 이들은 다음을 참조하라. Wayne A. Meeks, 'A Nazi New Testament Professor Reads His Bible: The Strange Case of Gerhard Kittel', *The Idea of Biblical Interpretation: Essays in Honor of James L. Kugel* (Leiden and Boston: Brill, 2004), 513~44. 그리고 전체 작업의 의미론상 오류에 대해서는 다음을 보라. James Barr, *The Semantics of Biblical Language* (Oxford: Oxford University Press, 1961).

* 아돌프 다이스만(1866~1937)은 독일의 개신교 신학자이자 성서학자다. 튀빙겐 대학교, 베를린 대학교 등에서 신학을 공부했으며 1897년부터 하이델베르크 대학교에서 신약학 교수로 활동했으며 이후 베를린 훔볼트 대학교로 옮겨 은퇴할 때까지 그곳에서 신약학을 가르쳤다. 이집트에서 발견된 파피루스들과 70인역이 신약성서를 이해하는 데 있어 중요함을 알린 최초의 신약학자 중 한 사람으로 평가받는다. 교회일치운동에도 적극적으로 참여해 세계교회협의회 창립에 기여했다. 주요 저서로 『그리스어 성서의 언어학적 연구』Die sprachliche Erforschung der griechischen Bibel, 『복음과 초기 그리스도교』Evangelium und Urchristentum, 『동쪽에서 오는 빛』Licht vom Osten 등이 있다.

리스도교 저술가들의 언어는 독특한 방언이나 "성령의 언어"가 아니라, "일반적인" 언어, 즉 평범한 사람들의 코이네 그리스어였다.[19]

또한, 다이스만은 새로운 증거가 신약성서의 단어와 문법에 대한 이해를 넓혀줄 뿐만 아니라, 최초의 그리스도인들이 속한 사회, 문화 환경에 대해 새로운 통찰력을 제공해 준다고 생각했다.

사회 구조상 원시 그리스도교는 하층민과 중산층을 분명하게

---

[19] 다이스만의 통찰력은 두 권의 책에 나뉘어져 있다. Adolf Deissmann, *Bible Studies: Contributions, Chiefly from Papyri and Inscriptions, to the History of the Language, the Literature, and the Religion of Hellenistic Judaism and Primitive Christianity* (Edinburgh: T. & T. Clark, 1901). 그리고 다음을 보라. Adolf Deissmann, *Light from the Ancient East: The New Testament Illustrated by Recently Discovered Texts of the Greco-Roman World* (London: Hodder & Stoughton, 1910). 다이스만의 연구에 대한 개요로는 다음을 보라. Werner Georg Kümmel, *The New Testament: The History of the Investigation of Its Problems* (Nashville: Abingdon Press, 1972), 218~19. 다이스만의 시대 이후 초기 유대교와 그리스도교를 포함한 고대 언어 및 사회사 연구에서 파피루스와 비문의 가치는 한층 커졌다. 이를테면 호주 맥쿼리 대학교 연구팀과 함께 일하는 많은 학자가 생산한 유용한 증거 자료를 참조하라. G.H.R.Horsley, S.R.Llewelyn(ed.), *New Documents Illustrating Early Christianity* (North Ryde, N.S.W.: Ancient History Documentary Research Centre, Macquarie University, 1981~). 이들의 연구와 다른 연구자들의 연구는 코이네 그리스어의 개념을 더욱 세분화하여 코이네 사용의 연대기 변화(코이네는 대략 알렉산드로스 대왕 이후의 후계자 시대에 할당된다)와 사회적 수준의 언어 기능에 따른 사용의 변화를 구분하였다. 누군가는 "문학적 코이네"에 대해 말하거나 신약의 일부 부분의 문체를 당시 편람 및 기술 설명서 문체와 비교할 수도 있다. 이러한 문제 중 일부는 Linguistic Essays (1989)라는 제목이 붙은 6권에서 간략하게 다루고 있다.

> 가리키고 있다. … 최근까지 이러한 대중은 역사가들의 시선에 거의 잡히지 않았다. 그러나 이제 그들의 확실한 기록이 발견되면서, 그들은 고대 도시, 작은 시장의 마을, 마을의 쓰레기 더미에서 갑자기 되살아났다.[20]

파피루스와 비문에서 나온 증거들을 통해 도입된 새로운 생각들은 초기 그리스도인들의 역사를 이해하는 데 매우 유익한 영향을 미쳤다. 그러나 이러한 통찰들도 유레카 콤플렉스라는 왜곡에서 자유롭지는 못했다. 이를테면 가장 흥미로운 파피루스 중에는 적을 해치거나 연인을 얻거나 질병을 치료하는 등 마법으로 자신이 원하는 목적을 달성하기 위한 처방전들이 있는 경우가 많았다. 이러한 주문과 비결들은 고대 대중의 믿음과 관습에 대한 새로운 통찰력을 제공했다. 이로써 (후대 비주류들demimonde은 말할 것도 없고) 예수의 기적 이야기는 완전히 다른 차원을 갖게 되었다. 이 이야기에 대한 1세기 사람들의 반응은 세상을 "자연적인 것"과 "초자연적인 것"으로 나누었던 17~18세기 합리주의자들이나, "마법에 걸린" 세상에 남은 "미신"을 경멸했던, 19세기 실증주의자들이 바라본 기적과는 전혀 달랐다. 그러나 이

---

[20] 이 말은 다음 책에 등장한다. Werner Georg Kümmel, *The New Testament*, 219. 또한, 다이스만은 바울 서신을 어떤 지식인이 출판을 염두에 두고 쓴 '서신'epistles이 아니라, 특정 상황과 목적을 위해 쓴 "실제" 편지로 보는 데 선구적인 역할을 했으며, 바울과 그의 교인들을 당대 사회라는 맥락에서 해석하려 노력했다. Adolf Deissmann, *Paul: A Study in Social and Religious History* (New York: Harper & Row, 1957).

러한 새로운 통찰은 필연적으로 과장될 수밖에 없었고, 때로는 "마술사 예수"가 동시대 사람들이 예수에 대해 갖고 있던 유일한, 또는 적어도 결정적인 심상처럼 보이게 했다.[21]

파피루스에서 얻은 다른 통찰들도 한쪽만을 강조한 채 적용될 수 있으며, 이러한 통찰을 길어내는 데 깊이 관여한 학자도 그리스도교 기원의 비밀을 풀 수 있는 해석학적 열쇠를 발견했다고 상상하는 착각과 오만에 빠질 수 있었다. 이를테면 신약성서 그리스어 중 상당 부분이 당시 대중의 특성을 반영하고 있다는 다이스만의 건전한 관찰을 두고 일부 학자들은 초기 그리스도교를 '프롤레타리아' 운동으로, 일종의 계급 갈등의 산물로 '설

---

[21] 컬럼비아 대학교의 저명한 역사학자 모튼 스미스Morton Smith의 다음 저서가 그 대표적인 예다. Morton Smith, *Jesus the Magician* (San Francisco: Harper & Row, 1978). 이 책은 놀라운 학문성과 재치가 돋보이지만, 심각한 왜곡도 포함하고 있다. 마법과 관련된 파피루스 탐구는 꽤나 방대한 문헌을 생산해 냈다. 그중 쉽게 읽을 만한 책으로는 다음을 들 수 있다. Hans Dieter Betz(ed.), *The Greek Magical Papyri in Translation, Including the Demotic Spells* (Chicago and London: University of Chicago Press, 1986). 그리고 다음을 보라. John G. Gager(ed. and trans.), *Curse Tablets and Binding Spells from the Ancient World* (New York and Oxford: Oxford University Press, 1992). 초기 그리스도교의 정황을 이해하는 데 도움이 되는 당시의 마술 관습과 믿음에 대한 수많은 탐구 중 특히 도움이 되는 두 가지 책으로 다음을 들 수 있다. Susan R. Garrett, *The Demise of the Devil: Magic and the Demonic in Luke's Writings* (Minneapolis: Fortress Press, 1989). 그리고 다음을 보라. Hans Josef Klauck, *Magic and Paganism in Early Christianity: The World of the Acts of the Apostles*, trans. Brian McNeil (Edinburgh: T. & T. Clark, 2000). 근대에 통용되었던 개념과는 전혀 달리 고대 작가들이 사용했던 '미신'이라는 개념에 대한 좀 더 광범위한 연구를 살피려면 다음을 보라. Dale B. Martin, *Inventing Superstition: From the Hippocratics to the Christians* (Cambridge, MA, and London: Harvard University Press, 2004).

명'하려는 유혹을 받았다.[22] 언어학과 본문 비평의 발전도 이러한 유혹에서 자유롭지 못했는데, 이 경우에는 고대의 문맥과 고대 언어 사용에 대해 향상된 지식을 바탕으로 원문을 재구성하고 더 나아가 본문의 본래 의미를 파악할 수 있다고 상상하는 유혹이 있었다. 그러나 이는 위험한 망상으로 판명되었다.[23]

파피루스는 고대에 대한 우리의 지식과 이해, 그리고 결과적으로 예수와 그의 추종자들이 살았던 시대 배경에 대한 앎에 기여한 발견의 한가지 예시일 뿐이다. 파피루스의 발견은 초기 그리스도인들의 정체성을 탐구할 수 있는 상상력 넘치는 새로운 방법들을 촉발했지만, 학자들이 역사 서술을 할 때 "마법의 열쇠"인 환원주의에 빠지게끔 유혹하기도 했다. 1947년 초 와디 쿰란 동굴에서 이루어진 사해 두루마리 발견과 이후의 추가 발굴, 그리고 파편을 재조립하고, 출판, 번역하는 지루하고 긴 과정에서 지속되었던 엄청난 (그리고 정당한) 흥분을 떠올려 보라. 다음 장에서 살펴보겠지만, 이 자료들로 인해 고대 유대교의 다양성에 대한 우리의 이해는 중요한 수정을 거쳤다. 또한, 이 자

---

22 이러한 시각은 다음 책에 나와 있다. Karl Kautsky, *Foundations of Christianity: A Study in Christian Origins* (New York: Monthly Review Press, 1972). 『그리스도교의 기원』(동연출판사).

23 '원문'과 관련된 문제와 후대의 일부 변화를 단순한 '오류'가 아닌 본문에 대한 여러 세대의 이해의 반영으로 보는 관점의 중요성에 대해서는 다음을 보라. Bart D.Ehrman, 'Text and Tradition: The Role of New Testament Manuscripts in Early Christian Studies. The Kenneth W.Clark Lectures, Duke Divinity School, 1997', *TC: A Journal of Biblical Textual Criticism* 5 (2000).

료들은 초기 예수 추종자들의 분파와 유사한 측면을 가지고 있었기에, 예수의 초기 추종자들이 성서와 세상을 해석하던 방식에 대한 근본적인 질문 중 일부를 이해할 수 있게 해 주었다. 그러나 이러한 발견은 때때로 예수와 그리스도교의 관계에 대한 선정적인 주장을 낳았다. 이러한 주장들은 여전히 나오고 있다. 사해 두루마리를 면밀히 검토한 초기 학자 중 한 명은 두루마리에 언급되어 있지만 이름이 없는 신비한 "의의 교사"Teacher of Righteousness가 거의 모든 면에서 예수의 선구자였다는, 즉 "예언자, 슬픔의 사람, 그리고 교회의 머리"였다는 결론에 도달했다.[24] 이러한 주장에 대한 증거 대부분에는 많은 빈틈이 있었고, 누락된 부분에 포함되었을 수 있는 내용을 편집자가 재구성한 것임이 밝혀졌지만, 그렇다고 해서 이러한 주장의 파장이 줄지는 않았다. 더 억지스러운 제안들도 있었다. 한 작가는 '의의 교사'가 사실은 세례 요한이었으며, 그의 적인 "악한 사제"는 다름 아닌 예수였다고 주장하기도 했다.[25] 수 세기 동안 동굴 안에 살던 박쥐의 배설물이 쌓이면서 부서지고 굳어진 가죽 조각을 이어 붙이는 지루한 작업을 실제로 경험해 본 적이 없는 외부인들은 사해 사본의 출판이 지연되는 것을 이해하지 못했고, 급기야 어떤

---

24 André Dupont-Sommer, *The Essene Writings from Qumran* (Gloucester, MA: Peter Smith, 1973), 360.

25 B.E.Thiering, *The Gospels and Qumran: A New Hypothesis, Australian and New Zealand Studies in Theology and Religion* (Sydney: Theological Explorations, 1981).

이들은 바티칸의 어떤 비밀 집단이 예수에 대한 어두운 비밀을 감추고 있다는 음모론을 퍼뜨리기도 했다(일부 주요 학자가 로마 가톨릭 사제여서 더 그랬는지도 모르겠다).[26]

사해 문서의 발견만큼이나 커다란 화제를 낳았으며 어쩌면 더 오래 대중의 관심을 받은 사건은 1945년 이집트 북부 마을 나그함마디 근처에서 가죽 덮개로 덮인 파피루스 코디스papyrus codices(두루마리가 아니라 오늘날 책처럼 묶인 형태의 자료)를 발견한 일이다. 이 문서들은 일반적으로 '나그함마디 영지주의 문헌'이라고 불린다(그러나 엄밀한 의미에서 일부 문서만 영지주의에 해당하며, 이 모음이 '문헌'library으로 구성되었다는 확실한 증거는 없다). 2세기에서 4세기 사이 그리스도교 운동의 다양성과 창조성에 대한 우리의 이해를 확장하는 데 있어서 이 문서들은 매우 중요하다. 그전에도 우리는 자신들을 "아는 자들" 혹은 영지주의자들이라고 불렀던 종파, 그와 관련되거나 유사했던 운동을 교부들이 경멸적으로 묘사했음을 알고 있었다. 하지만 이제는 이 새로운 발견을 통

---

26 홍수처럼 쏟아져 나온 출판물 중 다음의 책들이 신뢰할 만하다. James C. VanderKam and Peter W. Flint, *The Meaning of the Dead Sea Scrolls: Their Significance for Understanding the Bible, Judaism, Jesus, and Christianity* (San Francisco: HarperSanFrancisco, 2002). Eugene Charles Ulrich and James C. VanderKam(ed.), *The Community of the Renewed Covenant: The Notre Dame Symposium on the Dead Sea Scrolls, Christianity and Judaism in Antiquity* (Notre Dame, IN: University of Notre Dame Press, 1994). Florentino Garcia Martinez and Julio Trebolle Barrera, *The People of the Dead Sea Scrolls: Their Writings, Beliefs, and Practices* (Leiden: E. J. Brill, 1995). 초기 발견과 관련된 흥미로운 이야기는 다음 책을 보라. John C. Trever, *The Dead Sea Scrolls: A Personal Account* (Grand Rapids: Eerdmans, 1977).

해 이러한 집단이 몸소 산출해 낸, 오랫동안 잊힌 문서들을 갖게 되었고, 사상과 실천의 측면에 있어서 주류에서 밀려나 가톨릭 또는 정교회 전통과는 다른 길을 가야 했던 집단들이 썼던 문서들도 알게 되었다. 그중에는 유명한 이단인 발렌티누스Valentinus가 직접 저술한 것으로 추정되는 진리의 복음the Gospel of Truth, 필립보 복음the Gospel according to Philip, 도마 복음the Gospel according to Thomas, 이집트인들의 복음the Gospel of the Egyptians 등 이전에는 전통 교회에 속한 반反이단 저술가들의 언급을 통해 이름만 알려졌지만 수 세기 동안 아무도 보지 못했던 새로운 복음서들도 있다. 이 복음서들은 정경에 있는 사복음서와 함께 초기 그리스도인들이 예수의 정체성, 자신의 정체성, 세상에 대한 이해를 구성했던 다양한 방식에 대해 완전히 새로운 질문을 제기했다. 예를 들어 도마 복음에서는 "나무 조각을 쪼개라, 내가 거기 있다"와 같은 말을 하는 예수를 발견할 수 있었다. 또한, 이런 복음서들에서 예수는 "돌을 들어 올리면 너희(복수형)가 거기서 나를 찾을 것이다"(예수가 지네로 성육신했다는 뜻일까?)라고 말하고, "보라, 나는 그녀(마리아)를 끌어들여 남자로 만들어 그녀도 너희 남성을 닮은 살아있는 영이 될 수 있도록 할 것이다. 자신을 남성으로 만드는 모든 여자는 천국에 들어갈 것이다" 같은 말을 남기기도 한다. 비록 단편으로만 남아 있지만, 호사가들의 관심을 끌 법한 말들도 있다.

불모의 지혜라고 불리는 지혜는 (천사들의) 어머니다. 그리고 … 막달라 마리아의 동반자다. (그)는 (모든) 제자보다 그녀를 더 사랑했고, 나머지 (제자들) … 보다 … (더 자주) 그녀에게 입 맞추곤 했다. 제자들은 그에게 "왜 우리 모두보다 그녀를 더 사랑하십니까?"라고 물었다. 구세주께서는 그들에게 대답하셨다. "왜 내가 그녀처럼 너희를 사랑하지 않겠는가?"[27]

역사가와 소설가 모두의 상상력을 자극하기에 충분한 소재다.

과거에 대한 우리의 이해를 바꾼 더 일반적인 발견도 있었다. 고고학의 발전된 기술은 에페소스에서 페트라, 바스에서 카르타고에 이르기까지 경이로운 대도시의 유적뿐 아니라 사람들이 일상생활을 하고, 식단을 관리하고, 관계를 정리하고, 죽은 사람을 기억하는 방식에 대한 통찰들을 점점 더 많이 밝혀냈다. 새로운 그리스도교 하위문화가 어떻게 등장했는지를 이해하는데 이런 발견들이 가진 의미는 아무리 강조해도 지나치지 않다. 그러나 최근까지도 여리고 함락이나 가버나움의 베드로의 집과 같은 물리적 증거를 찾아 성서 이야기의 세부 사항을 증명하거나 반증하려는 '성서 고고학'은 위와 같은 발견들의 의미를 대부분 무시

---

[27] 도마 복음, 어록 77과 114, 그리고 필립보 복음 48 (63:30~64:5). 이 구절은 다음 책에서 인용했다. Bentley Layton(trans. and ed.), *The Gnostic Scriptures: A New Translation with Annotations and Introductions* (Garden City, NY: Doubleday, 1987), 394, 114, 339. 괄호에 있는 말들은 원고 상 공백, 누락된 단어들을 재구성한 것이다.

했다. 다시금, 과학적인 방법은 (좌파와 우파 모두가 공유한) 근대주의적 문자주의에 굴복했다. 때때로 결과는 우스꽝스러웠다. 한 학자가 신명기 5장 23절에 나오는 "불로 타오르는 산"이 틀림없는 사화산을 발견했다고 보고하자, 다른 학자는 "숫양처럼 뛰노는"(시편 114:4) 산도 발견했냐고 비꼬았다. 근대주의자들이 언제나 은유에 민감했던 것은 아니다.

우리의 역사 구성을 바꾼 발견이 언제나 문자 그대로 '땅을 파헤쳐서' 이루어진 것은 아니다. 오히려 그보다는 도서관이나 박물관 지하실에 분류되지 않은 채 보관되어 있던 유물이나 문서를 인내심 있게 파헤친 결과였거나 현대 학자들이 거의 연구하지 않은 집단과 종파, 민족 공동체에서 사용한 문서들을 꼼꼼하게 살피고 (서양 역사가들의 관심을 끌기 위해) 번역한 결과인 경우가 더 많다. 이를테면 오늘날까지 이라크와 이란의 국경에 살고 있고 몇몇에게는 '만다인'Mandaeans으로 알려진, 잘 알려지지 않은 세례 종파baptizing sect의 성스러운 문서가 있다. 셈어 문헌학자 마르크 리즈바르스키Marc Lidzbarski가 이 문헌들을 독일어로 번역하기 시작했을 때, 몇몇 신약학자들은 이 문헌의 일부 시들이 요한복음서 일부와 기묘하게 닮았다는 점에 주목했다. 루돌프 불트만은 이러한 유사성을 포착해 요한 복음서 전역사prehistory를 정교하게 재구성할 것을 제안했다. '만다인'(이들의 이름은 아람어로 "아는 자"라는 뜻이어서 "영지주의자"와 동의어로 보였다)들도 세례 요한에 대한 이야기를 가지고 있었고, 실제 그들의 경전 중에 요한 복음서도 있었기 때문에, 그는 만다인들이 한때 예수도 속해 있었던 세례 요한의 종파에서 시작되었으며 후에 예수를 메시아로 여기고 따르기 위해 세례 요한의 종파에서 나왔을 때 자신들을 다른 이들과 구별해야만 했다고 추론했다. 그리고 불트만은 예수 종파로 개종한 세례 요한 추종자 중 한 사람이 저 특별한 시를 가져왔을 것이라고 보았다. 그에 따르면, 이 시는 본래 세례 요한에 대한 것이었는데, 그는 영지주의자가 될 수 있는 선택받은 사람들을 구원하기 위해 하늘에서 내려온 신성한 사자로 묘사된다. 개종한 추종자는 이 신화를 바탕으로 예수를 묘사하는 시를 다시 써서 요한 복음서의 첫 번째 판본을 만들었다. 이 불트만의 가설은 예리한 주석과 꼼꼼하고 세밀하며 독창적인 문체 분석을 바탕으로 한, 20세기 신약학계에서 제기된 가장 뛰어난 가설 중 하나로 꼽힌다. 하지만 안타깝게도 만다인들에 대한 추가 조사 결과, 불트만의 가설은 더 이상 유지될 수 없는 것으로 밝혀졌고, 제4 복음서가 사용한 것으로 추정되는 자료와 이후 복음서 편집의 복잡한 역사에 대한 불트만의 (다소 의도가 깔린) 재구성은 결국 대다수 학자에게 설득력이 없는 것으로 판명되었다.[28]

---

[28] 한 학자가 "만다인 열병"이라고 불렀던 현상에 대해서는 다음을 참조하라. Werner Georg Kümmel, *The New Testament: The History of the Investigation of Its Problems* (Nashville: Abingdon Press, 1972), 349~62. 불트만의 제안은 다음 글에 처음 나와 있다. Rudolf Bultmann, 'Die Bedeutung der neuerschlossenen mandäischen und manichäischen Quellen für das Verständnis des Johannesevangeliums', ZNW 24 (1925): 100~146. 그의 유

19세기에는 수많은 (그리고 모호한) 유대교 문서들이 편집, 출판 및 번역되어 신약성서 전문가들의 관심을 끌었다. 이 문서들은 랍비 중심의 성서 정경 바깥에 있었지만, 초기 그리스도교의 심상 및 사상과 어느 정도 공명하는 지점이 있었다. 이러한 문서 중 상당수는 '구약 성서 위경(일반적으로 가명으로 쓰인 글에 적용되는 '거짓 글'이라는 뜻)'the Pseudepigrapha of the Old Testament이라는 인위적이고 궁극적으로는 오해의 소지가 있는 제목으로 수집되었다.[29] 초기에 학자들은 이중 신약성서의 요한계시록과 다니엘서, 예언서 특정 부분과 매우 유사해 보이는 부분에 가장 많은 관심을 기울였다. 요한이 자신의 책 묵시록apocalypsis을 묘사하며 쓴 단어인 '드러냄'unveiling 혹은 "계시"revelation(계시 1:1)를 따라 그들은 이 모든 책을 "묵시록"이라고 불렀다. 이후 많은 학자는 어떤 책이 '묵시록'으로 부를 만한지, 즉 묵시록에는 어떤 특성이 있어야

명한 요한 복음서 주석에도 이 글이 실려있다. Rudolf Bultmann, *The Gospel of John: A Commentary* (Oxford: Blackwell, 1971). 이에 대한 비판으로는 다음을 보라. Wayne A. Meeks, *The Prophet-King: Moses Traditions and the Johannine Christology, Supplements to Novum Testamentum* (Leiden: Brill, 1967).

[29] E.Kautzsch(ed. and trans.), *Die Pseudepigraphen des Alten Testaments*, vol. 2 of *Die Apokryphen und Pseudepigraphen des Alten Testaments* (Tübingen: Mohr, 1900). R. H. Charles(ed.), Pseudepigrapha, vol. 2 of *The Apocrypha and Pseudepigrapha of the Old Testament in English* (Oxford: Clarendon, 1913). James H. Charlesworth(ed.), *The Old Testament Pseudepigrapha* (Garden City, NY: Doubleday, 1983~1985). 이 모음집에 포함된 개별 문서에 대한 연구는 계속되고 있으며, 많은 경우 오래된 견해를 상당 부분 수정하고 있다. 이 중 특히나 중요한 것으로는 다음을 들 수 있다. *Studia in veteris testamenti pseudepigrapha* (Leiden: Brill, 1970~). 이 시리즈는 현재까지 18권이 출간되었다.

하는지를 정의하기 위해 노력했다.[30] 물론, 그 이전에, 더 시급하고 어려운 문제가 있었다. '누가 이런 책을 사용했나? 왜 예수가 나타났을 무렵에 이런 형태의 책들이 유행했을까?' 일부 연구자들은 이러한 글들이 고대 유대교 내에서의 일탈적 운동을 대변한다고 추측했다. 그리고 이 글들에는 모두 세계 역사의 즉각적인 종말과 하느님이 이 세계에 개입하심으로써 "의의 새로운 시대"new age of righteousness가 열릴 것이라는 기대가 담겨 있다고, 그리고 이러한 세계의 변화는 (세상의 종말을 이야기하는 환상을 봄으로써) 새로운 시대를 여는 사건을 예견한 선각자들이 등장하면서 시작된다는 이해가 담겨 있다고 보았다. 이 운동, 혹은 그 이상적 형태는 독일어로 '디 아포칼립틱'die Apokalyptik, 영어로는 '아포칼립티시즘apocalypticism'으로 불렸다. 많은 사람은 바로 이 묵시적인 분위기와 희망을 배경으로 예수와 그의 제자들이 등장했다고, 예수의 근본적인 가르침과 행동을 설명하는 열쇠는 '묵시적 종말론'apocalyptic eschatology이라고 생각했다. 이 경우 예수가 말했던 "하느님 나라"는 19세기 후반 자유주의 개신교인들이 이해한 사회관계의 점진적 개선과는 거의, 혹은 전혀 관련이 없었다. 이 나라는 인간이 이룰 수 있는 어떤 왕국이 아니라 묵시적

---

30 David Hellholm(ed.), *Apocalypticism in the Mediterranean World and the Near East: Proceedings of the International Colloquium on Apocalypticism, Uppsala, August 12-17, 1979* (Tübingen: Mohr-Siebeck, 1983), 특히 329~637. 이 콜로키엄은 '종말' 또는 '종말론'에 대한 정의에 합의하지 못한 채 휴회했다.

인 범주, 즉 하느님이 선택한 메신저인 메시아를 통한 개입을 통해서만 이루어지는 세계 질서의 변혁을 의미했다. 자유주의 학자였던 요하네스 바이스Johannes Weiss*는 그의 작은 책 『예수의 하느님 나라 선포』Die Predigt Jesu vom Reiche Gottes에서 이러한 결론을 내렸는데, 이 책은 세기말 독일의 개신교 자유주의들 사이에 떨어진 폭탄과도 같았다. 그리고 앞에서 언급했듯 알베르트 슈바이처는 바이스의 철저한 종말론consistent eschatology을 대중화했다. 그는 예수가 자신을 새 시대의 종말론적 메신저로 이해했을 것이며, 하느님이 자신의 기대한 바대로 활동하시지 않자 환멸을 느끼고 죽었다는 확신에 기초해 자신만의 예수 전기를 썼다.[31] 하지만 사해 두루마리의 발견은 이러한 추측에 새로운 생명을 불어넣음과 동시에 궁극적으로 이전 학계의 가정에 대한 근본적인 수정을 요구했다. 그럼에도 "묵시주의"는 그리스도교의 탄생을 설명하는 핵심 단서로 여전히 영향력을 발휘하고 있다. 우리는

---

* 요하네스 바이스(1863~1914)는 독일 개신교 성서학자다. 마르부르크, 베를린, 괴팅겐 대학교에서 공부하고 괴팅겐, 마르부르크, 하이델베르크 대학교 교수로 활동했다. 이른바 종교사학파의 일원으로 양식 비평의 확립에 기여했으며, 마태오 복음서와 루가 복음서 저자들이 공통으로 사용했을 것이라고 추정되는 자료를 Q라 붙인 이로도 널리 알려져 있다. 주요 저서로 『바울과 예수』Paulus und Jesus, 『나자렛 예수, 신화인가 역사인가?』Jesus von Nazareth, Mythus oder Geschichte? 등이 있으며 한국에는 『예수가 선포한 하나님 나라』(수와진)가 소개된 바 있다.

[31] Johannes Weiss, *Die Predigt Jesu vom Reiche Gottes* (Gottingen: Vandenhoeck& Ruprecht, 1892). 『예수가 선포한 하나님 나라』(수와진). Albert Schweitzer, *Das Messianitäts- und Leidensgeheimnis: eine Skizze des Lebens Jesu* (Tübingen: Mohr-Siebeck, 1901(1956 재출간)).

묵시주의라는 관념을 통해 많은 것을 배울 수 있다. 그러나 동시에 이 관념은 오늘날 구성된 요소임을 잊어서는 안 된다. 1세기 팔레스타인에서 "나는 묵시론자다"라고 말한 사람, "묵시주의"를 믿느냐고 물었을 때 그게 무슨 말인지 알아들을 수 있는 사람은 아무도 없었을 것이다.

이름과 원인의 혼동

묵시주의는 많은 양의 정보를 정리하고, 가족 유사성을 공유하는 여러 정보를 비교하는 데 매우 유용한 현대적 구성물이다. 그러나 이로 인해 우리의 사고는 위험한 지름길로 빠질 수 있다. 이 용어에 익숙해지면, '묵시주의'가 마치 실제로 존재하는 실체라는 가정에 빠지기 쉽고, 여기서 문제가 발생한다. 사해 두루마리에 등장하는 사람들은 왜 사막의 고립된 정착지로 옮겨가 살았을까? 우리는 흔히 그들이 묵시주의 운동에 속했기 때문이라고 답한다. 예수는 왜 하느님 나라에 대해 이야기했을까? 우리는 흔히 그가 묵시적 예언자이기 때문이라고 답한다. 이러한 축약된 진술은 매우 복잡한 상황을 가리키는 방식임을 염두에 둔다면 별문제가 되지 않을 수 있다. 그러나 너무나 자주 우리는 이런 짧은 진술을 마치 현상에 대한 설명인 것처럼 착각한다.

'묵시주의'는 이름과 설명을 혼동하게 만드는 많은 학문적 구성물 중 하나에 불과하다. '영지주의'도 마찬가지다. 이 관념은 20세기 학자들이 신약성서 일부와 초기 그리스도교 역사의 발전을 설명하는 데 커다란 도움을 주었지만, 종종 제대로 정의되지 않곤 한다. 또 다른 예, 가장 빈번하게 쓰이는 예는 알렉산드로스 대왕의 시대부터 비잔티움 그리스도교 제국이 태동할 때까지 그리스도교의 발전 과정을 지중해 세계 전체를 지배한 두 문화의 거대한 충돌, 즉 '유대교'와 '헬레니즘'의 투쟁으로 설명하는 것이다. 누군가는 범주를 넓혀 '동방 문명'과 '서방 문명'의 갈등으로 그리기도 하지만, 초기 그리스도교 역사를 설명할 때 지배적인 모형은 '유대교와 헬레니즘의 충돌'이라는 도식이었다. 이 모형은 튀빙겐 대학교의 개신교 신학 교수였던 페르디난트 크리스티안 바우어Ferdinand Christian Baur*가 제안하면서 성서 역사가들의 무기고에 처음 들어왔다. 그는 사도행전 6장에 묘사된 예루살렘 그리스도인들 사이의 "헬레니즘파"와 "히브리파" 사이의 갈등을 이해하려고 했다. 사도행전 7장에서 헬레니즘파의 지도자로 등장하는 스데반의 연설과 바울이 편지에서 반복적으로 언급한 갈등에서 많은 단서를 얻은 후, 안티오쿠스 4세 에피파네스Antiochus IV Epiphanes 때 일어난 마카베오 혁명에 대한 당시 학계의 표준적 읽기를 고려하여 그는 그리스도교의 시작과 관련된

* 페르디난트 크리스티안 바우어Ferdinand Christian Baur(1792~1860)은 독일의 개신교 신학자다. 튀빙겐 대학교에서 공부했으며 블라우보이렌 신학교 교수를 거쳐 1826년부터 튀빙겐 대학교 신학 교수로 활동했으며 헤겔의 역사철학을 적용해 성서와 교리사를 연구하는 튀빙겐 학파를 이끌었고, 상당 기간 독일 신학계에 영향력을 행사했다. 주요 저서로 『바울, 예수 그리스도의 사도』Paulus, der Apostel Jesu Christi, 5권으로 이루어진 『그리스도교 교회의 역사』Geschichte der christlichen Kirche가 있다.

여러 난제를 한 번에 풀려고 노력했다. 그에 따르면 예루살렘에서 일어났던 갈등은 단순히 돈을 둘러싼 다툼이 아니라 근본적으로 신학의 문제였다. 한쪽에는 예수의 직계 사도들과 그의 형제 야고보가 이끄는 최초의 '유대-그리스도교' 공동체가 있었다. 다른 한편에는 이방인 선교를 통해 유대교의 경계를 뛰어넘어 보편 종교에 대한 관점을 지닌 "헬레니즘화된" 유대인들이 있었다. 후자에 속했던 사도 바울은 개종 후에 그 집단의 지도자가 될 운명이었다. 바우어는 바울의 주요 서신, 특히 갈라디아인들에게 보낸 편지와 고린토인들에게 보낸 둘째 편지에 반영된 저들의 갈등이 새로운 종교의 발전을 결정했다고 보았다. 바우어는 헤겔 철학이 신학계 전반에 영향력을 행사하던 시기에 이러한 발견을 했다. 그러한 상황 가운데 그가 '유대교' 또는 '유대적 그리스도교'를 예수의 더욱 계몽된 제자들을 자극한 '정립'으로, 사도 바울과 그의 '이방인 그리스도교'를 '반정립'으로 본 건 그리 어려운 일이 아니었다. 바우어는 이러한 갈등을 해결하는 노력이 결국 '초기 가톨릭주의'early Catholicism라는 '종합'을 만들어 냈다고 생각했다.[32]

[32] 초기 그리스도교 역사에 관한 튀빙겐 학파의 진화론적인 기치는 F.C.바우어가 처음 내걸었다. F.C.Baur, 'Die Christuspartei in der korinthischen Gemeinde, der Gegensatz des petrinischen und paulinischen Christenthums in der ältesten Kirche, der Apostel Petrus in Rom', *Tübinger Zeitschrift für Theologie* 4 (1831), 61~205. 이러한 시각의 발전에 대해서는 다음을 참조하라. P.C.Hodgson, *The Formation of Historical Theology: A Study of Ferdinand Christian Baur, Makers of Modern Theology* (New York:

독창적인 틀임에는 분명하다. 그리고 여기서 '유대교'와 '헬레니즘'은 역사적 실체를 가장한, 복잡한 생각을 집약한 암호어code words라는 것도 분명하다. 한쪽에는 특정 국가 또는 민족을 위한 특수 종교가 있고, 다른 한쪽에는 모든 인류를 위한 보편 종교가 있다. 한 편에는 역사적 상황이라는 제한적이고 조건적인 사실이 있고, 다른 한 편에는 이성의 보편적인 진리가 있다. 한 편에는 육체가 있고, 다른 한편에는 영이 있다. 한 편에는 '율법주의'가 있고, 다른 한편으로는 자유가 있다. 이 모든 함의를 담아 바우어는 직설적인 표현을 남겼다.

> 유대교는 율법의 종교에 지나지 않으며, 이는 영의 종교인 그리스도교와 분명한 대비를 이룬다.[33]

문화들의 갈등, 구체적으로는 유대교와 헬레니즘 사이의 갈등이 그리스도교 세계를 형성하는 전체 과정을 이끈 비밀 엔진이라고 생각한 사람은 바우어만이 아니었다. 바우어보다 조금 어린 동시대 사람이었던 요한 구스타프 드로이젠Johann Gustav

---

Harper and Row, 1966). 바우어가 구성한 기초에 대한 도전과, 계속 이어지고 있는 바우어의 영향에 대해서는 다음을 보라. C.C.Hill, *Hellenists and Hebrews: Reappraising Division within the Earliest Church* (Minneapolis: Augsburg Fortress, 1992).

33 Ferdinand Christian Baur, *The Church History of the First Three Centuries* (London: Williams and Norgate, 1878), 1:58.

Droysen*은 알렉산드로스와 그의 "후계자들"의 시대, 본격적인 의미에서 역사가 시작된 출발점을 가리키며 '헬레니스무스'Hellenismus, 즉 헬레니즘이라는 용어를 썼다. 드로이젠은 마카베오하 4장 13절에서의 그리스어 사용과 사도행전 6장 1절에 나오는 "헬레니스트"들의 논쟁 보도에 영향을 받았고, 바우어가 그랬듯 헤겔의 변증법적 역사 이론의 영향을 받아 헬레니즘 세계에서 일어난 유대교도와 이교도 사이의 대립을 "마지막이자 가장 깊은 대립"으로 보았다. "인간 자유의 역사"가 실현되려면, 이러한 대립("서양" 문명과 "동양" 문명 사이의 대립뿐만 아니라 전통에 새겨진 인간 경험의 연대와 자유롭지만 부식성이 강한 이성의 힘 사이의 대립)은 반드시 화해를 이루어야 한다. 드로이젠은 이러한 화해야말로 역사가 그리스도교에 부여한 과제라고 주장했다.[34]

유대교와 헬레니즘이 전투를 벌인다는 은유는 150년이 넘는 기간 동안 역사 연구에서 매우 유익한 결과를 가져왔다. 심지어

---

* 요한 구스타프 드로이젠(1808~1884)은 독일의 역사가다. 베를린 대학교에서 공부한 뒤 킬 대학교, 예나 대학교, 베를린 대학교의 역사학 교수를 지냈다. 주관주의적 역사학 이론과 방법론을 해석학적으로 체계화시킨 이론가이자 현실주의적 역사가로 평가받으며 '헬레니즘'이라는 말을 처음 사용한 이로도 널리 알려져 있다. 주요 저서로 『알렉산드로스 대왕의 역사』Geschichte Alexanders des Grossen, 『헬레니즘의 역사』Geschichte des Hellenismus 등이 있으며 한국에는 『역사학』(나남출판)이 소개된 바 있다.

34 다음을 보라. J. Rüsen, *Begriffene Geschichte: Genesis und Begründung der Geschichtstheorie J. G. Droysens, Sammlung Schöning zur Geschichte und Gegenwart* (Paderborn: Ferdinand Schöningh, 1969), 특히 28~37, 46~49, 133~41. 드로이젠의 가장 널리 알려진 저술은 다음과 같다. Johann Gustav Droysen, *Geschichte des Hellenismus* (Basel: B. Schwabe, 1952~1953).

오늘날 적잖은 연구에서도 이 모형을 계속 쓴다. 그러나 이 모형 아래 자리한 과도한 단순화는 우리의 눈을 가리며, 이 모형에 맞지 않는 사실들을 제대로 살피지 못하게 한다. 새로운 발견과 새로운 자료 분석 방법을 통해 반례가 축적되면서 이 모형은 더는 유지될 수 없게 되었다. 이제는 (이를테면 앞서 살펴본 필립비인들에게 보낸 편지 2장에 나오는 찬송시처럼) 평범한 인간 예수가 그리스도로 들어 올려지는 형태로 발전한 과정이 '팔레스타인 유대교'에서 '헬레니즘 디아스포라 유대교'를 거쳐, '이교도 헬레니즘'으로 이동한 것이라고 상상할 수 없다.[35] 오늘날의 관점은 그보다 훨씬 복잡해졌다.

그리스도교는 경쟁 관계에 있던 여러 유대교 종파, 혹은 운동 중 하나로 시작했다. 유대교는 유대 지역과 갈릴리, 또는 디아스포라 지역에서 하나의 단일체가 아니었다. 다양한 유대교 사이의 경계도 고정되어 있거나 배타적이지 않았다. 이런 와중에 초기 그리스도교 집단들 역시 다양했다는 사실은 그리 놀랍지 않다. 우리가 가진 자료들을 보면, 그리스도교 운동에는 그 시작부터 그러한 다양성이 있음을 알 수 있다. '유대적' 혹은 '헬레니즘적'이라는 형용사는 그러한 다양성을 분류하는 데 사실상 전혀

---

[35] 이러한 주장의 고전적 진술은 다음을 보라. Wilhelm Heitmüller, 'Zum Problem Paulus und Jesus', *Zeitschrift für die neutestamentliche Wissenschaft* 13 (1912): 320~37. 불트만도 다음 책에서 같은 도식을 활용했다. Rudolf Bultmann, *Theology of the New Testament* (New York: Schribner's, 1951). 『신약성서신학』(성광문화사)

도움이 되지 않는다.

다른 다양한 유대교 집단과 마찬가지로, 초기 그리스도교 집단은 유대교의 특성과 헬레니즘의 특성을 모두 갖고 있었다. 그러므로 우리는 좀 더 구체적인 질문을 던져야 한다. '각 초기 그리스도교 집단은 유대 전통의 어떤 부분을 받아들이고 재해석했는가? 어떤 제도를 유지하고, 어떤 제도를 폐지했는가? 더 큰 문화와의 관계라는 측면에서 볼 때, 우리가 갖고 있는 그리스도교 문서에 저자가 당대 철학 학파의 상식이나 수사학파에서 가르쳤던 언어 전략을 사용하고 있다는 징후가 있는가? 성서 중 특정 문구phrase가 전환되었을 때 당시 청중은 마법 주문서들이나 편람에 담겨 있던 개념들을 떠올렸을까?' 우리는 그물을 더 넓게 던질수록 더 많은 해석이 가능한 물고기가 잡힌다는 사실을 반복해서 발견한다. 대다수 고대인은 자신이 우리가 관념적으로 생각하는 하나 혹은 다른 유형에 확고하게 머물러야 한다는 사실을 몰랐을 것이다.[36]

정체성에 관한 다른 모형

근대적인 예수 연구 프로젝트의 치명적인 결점 중 하나는 계몽주의 이후 우리의 자아 구성을 지배해 온 개인의 정체성에 대

---

[36] 나는 '유대교-헬레니즘' 문제에 대하여 다른 글에서 더 자세히 논의한 바 있다. Troels Engberg-Pedersen(ed.), 'Judaism, Hellenism, and the Birth of Christianity', *Paul Beyond the Judaism/Hellenism Divide* (Louisville, KY: Westminster John Knox Press, 2001), 17~28.

한 낭만적 모형이다. 우리는 진정한 '나'란 독특하고 신비롭고, 완전히 개별적이며, 다른 누구도 완전히 알 수 없는 존재라고 상상한다. 자아는 '나'의 자기의식과 동일시되며, (물론 나 자신을 속일 수도 있지만 근본적으로) 나의 것, 오로지 나의 것이다. 개인의 정체성에 관련된, 내면을 중시하고 철저하게 개인주의적인 관념은 프로이트가 그린 자아 지형도topography of the self에서 정점을 찍는다. 이에 따르면 개인 내면 깊숙이 묻혀 있는 신비로운 의식consciousness은 사회화 과정을 통해 왜곡되고 제한되며 가려진다. 그렇게 자아는 적대적인 사회 세계와 대립한다. 이런 관점에서 타인들이 바라보는 정체성, 공적인 '나'는 참된 '나'를 숨기며, 심지어 자기 자신의 인식에서조차 이를 지워버릴 수 있다.

내면을 중시하는 자아 개념이 지배하던 지적 세계에서 역사적 예수 탐구가 종종 예수의 '자의식'을 발견하기 위한 탐구의 형태를 취했다는 것은 그리 놀라운 일이 아니다. '예수의 메시아로서의 자기의식'은 20세기 전반 영국과 미국 학계의 표어였다. 이 표어 아래 학자들은 예수가 자신을 누구로 이해했는지를 물었다. 자유주의 학자뿐만 아니라 보수주의 학자들도 예수가 자신을 메시아로, 하느님을 자신의 아버지로 여겼다고 보았고, 그러한 예수의 자의식과 초기 교회가 그에 대해 말한 것 사이에 끊어지지 않는 연속성이 있음을 보이기 위해 노력했다.

반면, 유럽 대륙의 많은 학자는 '역사적 예수'와 '교회의 그리스도', 즉 예수 자신의 자아 인식과 사명감, 그리고 부활에 대한 믿음으로 형성된 초기 공동체의 창조적 구성들 사이에 뚜렷한 구분이 있다고 생각했고 둘의 연속성에 회의적인 경향을 보였다. 종종 이 질문은 다소 단순한 방식으로 드러나곤 했다. '예수는 자기 자신을 메시아라고 생각했는가?' 마치 '메시아'가 옷처럼 그냥 입을 수 있는, 고정되고 알려진 개념인 것처럼 말이다. 오해의 소지가 있는 이런 단순화는 최근 수십 년 동안 이루어진 발견으로 무너졌으며 이에 대해서는 잠시 후 다시 설명하겠다. 이 시점에서 짚고 넘어가야 할 점은 단순화된 방식이든, 훨씬 더 정교한 방식이든 이런 질문은 너무나도 자주 개인의 정체성에 대한 낭만적이고 개인주의적인 관점을 의심하지 않고 전제한다는 것이다.

그러나 사회과학과 일부 현대 문학 이론에 널리 퍼져 있는 개인 정체성에 대한 사고방식은 이와 매우 다르다. 이 사고방식은 '내가 누구인지 어떻게 알게 되었나? (달리 말하면) 나는 어떻게 나를 의식할 수 있게 되었나?'라는 단순한 질문에서 시작되었다. 그리고 이러한 질문을 던지며 학자들은 '나' 안에 있는 어떤 초월적인 실체를 상상하는 대신 아기가 엄마의 미소에 반응하는지, 아기의 대화가 부모의 대화에 어떻게 상응하는지, 접촉과 따뜻함이 애정과 배려, 그리고 한계를 전달하는지를, 그리고 언어 능력이 발달함에 따라, "중요한 타인들"의 세계가 확장되고 나의 이야기가 나와 대화하는 모든 사람의 이야기와 상호작용하는 방식, 잠재적으로는 내가 속한 언어 공동체에서 읽고 쓴 모든 사람과 상호작용하는 방식을 떠올렸다.

여러 분야에 속한 많은 사상가가 자아 정체성을 이런 방식으로 바라보게 되었다. 그중 한 명인 러시아의 문학 평론가 미하일 바흐친Mikhail Bakhtin은 자아에 대한 대화 모형을 구축했다. 그에 따르면, 인간은 사회와 대립하는 것이 아니라 사회를 통해, 그리고 사회성의 1차 사례인 언어를 통해 인간이 된다.

> 모든 자기 인식은 … 어떤 사회 규범에 비추어 자신을 측정하는 행위다. … 나 자신을 인식할 때, 나는 다른 사람의 눈을 통해 나 자신을 바라보려 노력한다.[37]

프로이트와 달리 바흐친은 자아와 사회 사이의 대립을 거부한 러시아 심리학자 레프 비고츠키Lev Vygotsky를 따랐다. 프로이트에게 있어서 자아는 사회에 봉사하기 위해 억압되지만, 바흐친에게 자아는 정확히 사회의 기능이다. 프로이트에서는 타자가 많을수록 자아가 적고, 바흐친에서는 타자가 많을수록 자아가 많아진다.[38]

공교롭게도 자아에 대한 이 대화 모형은 자아가 형성되는 데 "중요한 타자"의 역할을 강조했던 미국의 심리학자 조지 허버트

---

[37] Katerina Clark and Michael Holquist, *Mikhail Bakhtin* (Cambridge, MA: Harvard University Press, 1984), 206.

[38] Katerina Clark and Michael Holquist, *Mikhail Bakhtin*, 206.

미드George Herbert Mead의 주장과 유사하게 들린다.[39] 그에 따르면 자아는 하나의 과정이다. 자아는 특정한 사회, 문화 복합체 안에서 다른 사람들과 끝없는 상호작용을 통해 성장한다. 자아는 대화를 가능하게 하는 언어를 통해 번성한다. 사회 인지 분야의 심리학자들은 이러한 상호교류라는 관점 아래 형성된 자아 개념을 공유하고 있다. 그리고 이는 아이러니하게도 바흐친만큼이나 미드에 대한 재발견을 통해서 이루어지고 있다.[40]

과거 역사를 형성한 인물의 정체성을 탐구할 때는 이런 변증법적, 사회적 자아 모형을 사용하는 것이 합리적이지 않을까? 예수의 경우를 생각해 본다면 이는 우리가 더는 예수 자신과 소수의 현대 학자에게만 알려진 "진짜" 예수의 내면과 그의 추종자들이 형성한 예수의 심상 사이에 어떤 쐐기를 박지 않는 것을 의미한다. 여기에 "중요한 타자"라는 개념이 주체의 형성기, 즉, 주체의 (지상에서의) 생애를 넘어 확장되어야 한다는 점을 고려하면 문제는 좀 더 복잡해진다. 예수를 형성한 상호교류 작용은 대부분 그의 죽음 이후에 일어났기 때문이다. 그럼에도 불구하고, 나는 이 방법을 통해 역사 속 예수, 즉 역사를 만든 예수라는 존

---

[39] George Herbert Mead, *Mind, Self, and Society: From the Standpoint of a Social Behaviorist* (Chicago: University of Chicago Press, 1934). 『정신, 자아, 사회』(한길사)

[40] 사회 심리학에 대한 최근의 연구 및 향후 전망을 개괄한 좋은 책으로 다음을 들 수 있다. Yoshihisa Kashima, Margaret Foddy, Michael Platow(ed.), *Self and Identity: Personal, Social, and Symbolic* (Mahwah, NJ: Lawrence Erlbaum Associates, 2002).

재에 대한 더 현실적인 그림을 그릴 수 있다고 본다. 우리가 묘사해야 할 대상은 사회에서 구성된 자아의 모든 층위를 벗겨낸, 예수 자신이 알고 있던 어떤 숨겨진 내면의 정수가 아니라 예수의 초기 추종자들이 예수의 정체성을 구성하는 동시에 자신의 정체성을 구성한 대화 과정이다. 예수가 다른 사람들과의 상호작용을 통해 형성된 페르소나persona라고 말하는 것은 대담한 주장처럼 들릴 수 있다. 이 주장이 삼위일체론과 관련해 어떠한 의미를 갖는지 논의하는 것은 조직신학자들의 과업일 것이다. 그러나 이러한 과정의 측면에서 바라본 그리스도론을 제안하는 것이 그리 이상한 일은 아니라고 본다.

함의들

지금까지 이야기를 찬찬히 따라왔다면, 역사를 기록하는 데 있어 최종적인 정답은 없음을 배웠을 것이다. 모든 시대에는 나름의 맹점, 무의식적인 선입견과 편견이 존재하며, 동시에 새로운 발견, 새로운 질문 방식, 과거의 논쟁에 대한 새로운 목소리가 존재한다. 역사적 예수 탐구의 역사만 보아도 이를 충분히 알 수 있다. 그렇기에 여기서 제안하는 것도 예수가 누구였는지를 이해하는 궁극적인 방법이 아니다. 나는 이런저런 기관이 숨기고 있어서, 혹은 아무도 모르는 진실을 담고 있는 사본이 사라짐으로써 오랜 기간 감춰졌던 예수의 참된 면모를 밝히는 데 관심이 없다(누군가 내게 영화로 만들자고 제안하며 돈을 두둑이 챙겨준다면 다시 생각해 볼 수도 있지만 말이다). 나는 우리가 예수의 페르소나에 대해 물을 것을, 달리 말하면 예수를 탐구할 때 우리 자신이나 현재 혹은 과거의 다른 사람들에 대해 물을 때 사용하는 질문 모형, 즉 사회적, 상호교류 모형을 채택할 것을 제안한다. 물론 이 모형을 쓴다고 해서 참된 예수에 대한 궁극적인 그림을 얻을 수는 없다. 하지만 근대적 탐구에서 너무 큰 비중을 차지했던 낭만적이고 내면에 집중하며 개인주의적이고 사적인 정체성 모형에서 벗어나는 데 도움을 줄 수 있다.

내가 제안하는 자아 모형은 개인의 정체성을 어떤 고정된 실체가 아니라 과정, 변하지 않는 대상이 아니라, 평생에 걸쳐 변화하는 과정의 산물로 이해한다. 예수도 우리와 마찬가지로 자기 자신이 되어가신다는 말이 누군가에게는 충격적으로 들릴지도 모르겠다. 그러나 바로 이 점 때문에 고대의 정교한 중기 플라톤주의자들이 성육신 교리에 충격을 받았음을 기억해 둘 필요가 있다. 성육신 교리는 하느님도 하느님이 되시기 위해서는 그 과정에 참여하셔야 한다는 의미를 내포하고 있기 때문이다. 그러한 면에서 내 제안은 이 고대 교리에 대한 현대의 대응, 위격의 연합을 다시 진술하는 것이라고 볼 수 있다. 이는 예수도 우리 모두와 같은 방식으로 인간이 된다는 점을 가리킨다. 예수도 주변 사람들과의 상호작용을 통해 인간이 되었다. 복음서에서 다른 등장인물들이 예수를 향해 던지는 질문들은 모두 이 같은 맥락에서 나왔다.

"이분이 누구이기에, 바람과 바다까지도 그에게 복종하는가?" (마르 4:41)

"이 사람은 요셉의 아들이 아닌가?" (루가 4:22)

"이 사람이 어디에서 이런 모든 것을 얻었을까? … 이 사람은 마리아의 아들 목수가 아닌가? 그는 야고보와 요셉과 유다와 시몬의 형이 아닌가? 또 그의 누이들은 모두 우리와 같이 여기에 살고 있지 않은가?" (마르 6:3~4)

"이 사람이 누구이기에 죄까지도 용서하여 준다는 말인가?" (루가 7:49)

"당신이 유대인의 왕이오?"(루가 23:3)

"오실 그분이 당신이십니까? 그렇지 않으면, 우리가 다른 분을 기다려야 합니까?" (마태 11:3)

이러한 질문이 배치된 이유는 독자들과 스무고개를 하기 위함이 아니다. 답은 정해져 있는 것이 아니라 계속해서 만들어지고 있으며, 복음서 저자들은 독자들이 그 과정에 참여할 수 있도록 각기 다른 이야기를 기록했다. 예수의 정체성은 모든 인간의 정체성과 마찬가지로, 주어진 것이 아니라 과정이다. 예수의 정체성은 모든 인간의 정체성과 마찬가지로, 순전히 내면에 있거나 사적인 것이 아니라 사회적이다.

우리는 언어를 통해서만 인간다워질 수 있다. 언어는 중요한 타자들과 상호교류할 수 있는 가장 주요하고 결정적인 매개체이며, 언어와 함께, 그리고 언어를 통해서 우리는 우리 자신이 된다. 한나 아렌트Hannah Arendt의 말을 빌리면 "우리는 태어나면서부터 '이야기의 그물망'에 빠져들며, 그 안에서 우리는 저자이자 대상이다".[41] 다른 사람들이 우리에 대해 들려주는 이야기와 우리가 우리 자신에 대해 말하는 이야기를 통해 우리는 자신이 누구인지를 알게 된다.

이러한 통찰은 예수의 정체성과 관련해 또 하나의 단서를 제공한다. 곧 정체성 형성 과정은 해석의 과정이라는 것이다. 모든 문화권에는 삶의 방식을 설명하는 주요 서사가 있고, 이 서사에는 전형적인 인물이 있다. 모든 개인은 이 핵심 서사 안에서 자신의 이야기를 찾아야 하며, 그 주변의 모든 중요한 타자들 역시 저 이야기를 전달하고, 다시 전달함으로써 지속적인 해석 과정에 참여하게 된다. 다음 장에서는 예수와 동일한 환경에 속해 있던 사람들이 각자의 장소와 시간에 따라 삶을 해석했던 몇 가지 방식을 살펴볼 것이다. 그리고 이러한 해석 전략들 아래 예수의 초기 추종자들이 복잡한 해석 과정을 거쳐 예수에 대한 기억을 어떻게 활용했는지를 살펴볼 것이다. 예수는 당시 문화의 몇 가지 주요 서사 안에 자신의 자리를 만들었을 뿐 아니라, 길게 보았을 때, 그러한 주요 서사를 변화시켰다. 그렇게 그는 역사를 만들어 냈다.

---

41 Seyla Benhabib, *Situating the Self: Gender, Community, and Postmodernism in Contemporary Ethics* (Cambridge, England: Polity Press, 1992), 198 재인용.

제3장

기억과 고안

- 예수 그리스도의 형성

복음서에서 예수를 만난 인물들은 끝없이 질문한다.

"이분이 누구이기에, 바람과 바다까지도 그에게 복종하는가?" (마르 4:41)
"이 사람은 요셉의 아들이 아닌가?" (루가 4:22)
"이 사람이 어디에서 이런 모든 것을 얻었을까? ... 이 사람은 마리아의 아들 목수가 아닌가? 그는 야고보와 요셉과 유다와 시몬의 형이 아닌가? 또 그의 누이들은 모두 우리와 같이 여기에 살고 있지 않은가?" (마르 6:3~4)
"이 '사람의 아들'은 누구인가?"

"당신이 유대인의 왕이오?"(루가 23:3)

"오실 그분이 당신이십니까? 그렇지 않으면, 우리가 다른 분을 기다려야 합니까?" (마태 11:3)

앞 장에서 나는 이러한 질문들이 대인 관계를 통해 정체성을 빚어내는 상호작용을 보여준다고 제안했다. 여기서 우리는 서사의 교차, 역할 맡기, 사회적 자아, 대화를 통해 이루어진 자아를 이해하는 과정을 엿볼 수 있다. 이러한 질문들은 전통과 저술을 통해 형성된 이야기들, 선포하기 위해 쓰인 이야기들, 공동체가 실천하기 위해 쓰인 이야기들에 스며들어 있다. 복음서에 등장하는 인물들은 복음을 듣는 이들이 이야기로 들어가는 일종의 입구 역할을 한다. 이들은 청중의 대리인으로서 청중이 할 법한 질문을 대신 던진다. 그렇기에 이야기 속 인물과 이야기를 듣는 청중은 예수가 누구인지 질문하면서 오가는 이야기에 자신을 위치시키고 암묵적으로 자신이 누구인지를 묻게 된다. 복음서 저자들은 이런 이야기를 기록함으로써 독자인 우리도 이야기 속 인물들과 같은 입장에 서게 했다. 이 과정에서 예수에 대한 다양한 이야기, 우리 자신의 복잡한 삶의 이야기, 문화사의 기나긴, 그리고 다양한 이야기가 교차하기 때문에, 예수의 정체성을 묻는 건 자기 자신을 개입시키는 과정일 수밖에 없다. 달리 말하면, 이는 결국 해석의 과정이라는 뜻도 된다. 이 장에서는 해석 과정의 초기 단계에 대해 다루고 그 구조를 해부하고자 한다.

두 개의 대화

먼저 복음서에 나오는 유명한 두 대화를 살펴보자. 첫 번째 대화는 요한 복음서에 나오는 대화로, 예수와는 관련이 없어 보이며, 세례 요한과 직접적인 관련이 있다.

> 이것은 요한의 증언이다. 유대 사람들과 제사장들과 레위인들이 예루살렘에서 대표단을 보내 그에게 "당신은 누구인가?"라고 물었을 때 일이다. 그는 부인하지 않고 "나는 기름 부음 받은 자가 아니오"라고 고백했다. 그러자 그들은 요한에게 물었다. "그렇다면 당신은 엘리야인가?" 그러자 그는 "아니오"라고 말했다. "당신이 바로 그 예언자인가?" 그가 답했다. "아니오." 그리고 그들은 요한에게 물었다. "당신은 누구인가? 우리를 보낸 이들에게 답할 수 있게 해달라. 당신은 자신을 무엇이라고 말하겠는가?" 요한이 말했다. "나는 예언자 이사야가 말했듯 '주의 길을 곧게 하라'고 광야에서 외치는 소리요." (요한 1:19~23, 저자 번역)

질문자들은 요한의 부정적인 대답에 좌절한다. 이 이야기를 처음 들었다면 생소하게 느낄 우리 역시 마찬가지일 것이다. 그들도, 우리도 세례 요한이 누구인지 알지 못한다. "그렇다면 당신은 기름 부음 받은 자도 아니고 엘리야도 아니고 예언자도 아닌데 어찌하여 세례를 베풀고 있는가?"(요한 1:25)라는 추가 질문에도 요한은 명쾌한 답을 주지 않는다. 다만 "나는 물로 세례를 주오"라고, "여러분 가운데 여러분이 알지 못하는 이가 한 분 서 계시오. 그분은 내 뒤에 오시는 분이지만, 나는 그분의 신발 끈을 풀 만한 자격도 없소"(요한 1:26~27)라고 말할 뿐이다. 다음날 세례 요한은 그 미지의 존재를 부르지만, 여전히 수수께끼 같다.

> 보시오, 세상 죄를 지고 가는 하느님의 어린 양입니다. (요한 1:29)

다음 날 그는 자신의 제자 두 명에게 그분이 누구인지 가리키고, 두 제자는 재빠르게 예수에게 충성을 맹세한다.

그러므로 예루살렘에서 온 바리사이파 사람들이 세례 요한을 추궁한 이야기는 결국 요한에 관한 이야기가 아니라 예수에 관한 이야기다. 복음서 저자는 이 이야기를 "요한의 증언"이라고 부른다. 세심한 독자라면 요한 복음서에서 "천상의 서곡" 역할을 하는 멋진 시에 삽입된 산문에 등장하는 세례 요한의 존재 이유는 오직 "그 빛을 증언"하는 데 있으며 "그는 그 빛이 아니"(요한 1:6~8)라는 사실을 이미 알았을 것이다. 요한 공동체에 속한 익명의 가수, 낭송가, 작가들이 만들어 낸 이 복잡한 문학 작품에서 세례 요한은 일종의 빈 공간이다. 요한의 역할은 그림에서 빈 공간의 기능과 비슷하다. 보는 이의 시선을 작품 구조 속으로 끌어들여 한계를 벗어나게 하고, 궁극적으로 선, 색, 형태가 빛어내는 신비로운 전체를 발견하도록 이끄는 것이다. 요한 복음서에서 요한은 예수를 위한 공간을 마련하기 위해 존재한다. 그는 말한다.

> 그는 흥하여야 하고, 나는 쇠하여야 한다. (요한 3:30)

그러나 요한이 자신을 부정함으로써 공간을 양보한 예수는 여전히 신비로운 존재다.

> 여러분 가운데 여러분이 알지 못하는 이가 한 분 서 계시오. (요한 1:26)

이 복음서에서 예수를 만난 인물들은 예수에게 "어디서 왔는가?", "어디로 가는가?", "당신은 누구인가?" 등의 질문을 던지지만, 돌아오는 예수의 대답에 매번 당황한다. 예수가 중의적 의미로 대답하면 그들은 완전히 오해하고 어리석은 표정을 짓는다. 부분적으로 이러한 장면은 독자인 우리에게 쾌감을 준다. 적어도 우리는 이 어리석은 인물들보다 조금 낫다고 느끼게 되기 때문이다. 그렇지만, 우리는 정말 요점을 제대로 파악하고 있는 걸까? 복음서 서사에서 우리의 대리인 역할을 하는 제자들은 외부인이나 적들보다 더 낫지 않다. 오히려 믿고자 하는 자들은 예수의 날카롭거나 터무니없어 보이는 말로 인해 몰이해라는 어둠으로 밀려날 가능성이 높다.

그렇다면 세례 요한이 사람들의 질문에 아니라고 답한 것은 어떻게 이해해야 할까? 예수가 기름 부음 받은 자, 그 예언자, 엘리야일까? 한 걸음 더 나아가, 이 모든 특징은 어디서 비롯된 것일까? 1세기 로마 팔레스타인에서 "당신이 그 예언자인가?"라고 묻는 것은 어떤 의미를 지니고 있었을까? "기름 부음 받은 자"는 누구 혹은 무엇이었을까? 거의 천 년 전에 사라진 예언자 엘리야가 왜 여기 등장할까? 우선 요한 복음서에 나오는 예수 이야기에서 이러한 이름, 역할, 혹은 정체성이 어떻게 드러나는지 살펴보자. 모든 것을 고려해 앞선 질문에 답한다면 예수는 그렇기도 하고, 아니기도 하다. 그는 메시아, 즉 기름 부음 받은 자이지만, 이야기는 누가 메시아인지를 정의할 뿐, 메시아가 무엇인지 정의하지는 않는다. 예수는 엘리야가 하는 일을 똑같이 했지만, 회오리바람과 함께 사라졌던 엘리야가 그대로 돌아온 것은 아니다(2열왕 2:1~12 참조).[1] 예수는 마지막 예언자이지만, 다른 어떤 예언자도 이런 식으로 말한 적은 없다(요한 4:19,44, 6:14~15, 7:40,52, 9:17 참조). 그는 이스라엘의 왕이지만, 전쟁을 통해 점령군을 물리치지 않고, 세상이 들을 수 없는 진리를 말하며 어두운 세상을 위해 자신의 목숨을 바친다(요한 18:33~38 참조). 이 긴장,

---

[1] 다음을 참조하라. J.Louis Martyn, 'We Have Found Elijah', *The Gospel of John in Christian History: Essays, for Interpreters* (New York: Paulist Press, 1978), 9~54.

이스라엘 전통과 성서에 나오는 상징, 인물 및 이야기와 깊이 연관 지으면서, 동시에 그 모든 것을 근본적으로 새로운 빛에 비추어 재구성하려는 풍성한 자유 사이의 긴장은 우리가 이해하려고 하는 해석 과정의 중심에 있다. 그리고 이것이야말로 예수의 초기 추종자들이 예수의 정체성을 발견하고, 또 발명하는 과정의 핵심이다.

구성상 마르코 복음서의 중심부에 있다고 여겨지는, 필립보의 가이사리아로 향해 가는 와중에 예수와 제자들이 나눈 대화에서도 이와 같은 긴장을 발견할 수 있다.

> 가는 길에, (예수)께서 제자들에게 "사람들이 나를 누구라고 하느냐?" 물으셨다. 제자들은 "세례 요한이라고도 하고, 엘리야라고도 하고, 예언자 중 한 사람이라고도 합니다"라고 대답했다. 그러자 예수께서는 제자들에게 "그러면 너희는 나를 누구라고 하느냐?"라고 물으셨다. 베드로가 일어나서 "당신은 기름 부음 받은 자이십니다"라고 대답했다. 그러나 예수께서는 아무에게도 자신에 대해 말하지 말라고 경고하셨다. 그리고 그분은 인자가 많은 고난을 받고 장로들과 대제사장들과 서기관들에게 버림을 받고 죽임을 당하고 사흘 만에 살아나야 한다고 가르치기 시작하셨다. 예수께서는 제자들에게 이 말씀을 솔직하게 전하셨다. 그러자 베드로가 그를 붙잡고 꾸짖기 시작했다. 그러나 예수께서는 돌아서서 제자들을 보시고 베드로를

꾸짖으셨다. "사탄아, 물러나라. 너의 생각은 하느님의 생각이 아니라 너무도 인간적인 생각이다." (마르 8:27~33, 저자의 번역)

어떤 의미에서 이 작은 이야기는 요한 복음서에 나온 세례 요한의 이야기와 반대다. 요한 복음서에서 세례 요한이 부정한 모든 사항이 예수를 향한 것과는 달리 이 이야기에서는 예수 본인이 자신의 정체성을 두고 제자들에게 묻는다. 그러나 이 이야기 역시 대체로 부정의 형태로 이루어져 있고, 미완으로 끝난다. 세례 요한을 향한 추궁과 마찬가지로 여기에서도 다양한 정체성이 시험대에 오르지만, 어느 것 하나 제대로 맞는 것이 없다. 이 이야기는 예수에 대한 외부인의 평가로 시작된다. 하지만 이야기는 예수가 제자들에게 던지는 질문("그러면 너희는 나를 누구라 하느냐?")을 통해 암묵적으로 그러한 평가를 거부한다. 다른 제자들은 가만히 있지만, 베드로는 종종 그렇듯, 이야기 형태에 따라 옳은 대답이 될 수도 있는 말을 하기 시작한다. 마태오 복음서는 베드로의 답이 정답임이 분명하다고 말하고, 그는 특별한 축복을 받는다(마태 16:16~19). 그러나 마르코 복음서에서는 그렇지 않다. 베드로는 축복을 받고 반석으로 이름이 바뀌기는커녕 사탄, 대적, 유혹자라고 책망받는다. 그러나 "메시아", "기름부음 받은 자"인 '크리스토스'Χρίστος는 분명히 마르코 복음서를 산출한 공동체가 알고 있던 예수의 호칭 중 하나임이 분명하다. 여기서도 해석의 긴장이 드러난다. 이 긴장은 예수에게 호칭을 붙이는 모든 과정에 걸쳐 나타나며, 두 복음서 저자는 모두 이를 자신의 서술 기법의 핵심으로 삼았다.

문화적으로 형성된 역할들

모든 문화에는 표준적인 삶의 이야기에서 사람들이 수행하는 친숙한 역할들이 있다. 이를테면 교사, 농부, 기술자, 공장 노동자, 건축업자, 일용직 요리사, 어머니, 남편, 의사, 간호사를 들 수 있다. 복음서 이야기에서 우리는 예수가 자신이 살았던 시대와 장소에서 전형적이었던 많은 역할을 수행하는 모습을 볼 수 있다. 그중 일부는 고대 지중해 세계 전체에서 공통으로 나타나는 역할이고, 다른 일부는 유대 문화에 특화된 역할이다. 이러한 역할은 사람들이 예수가 한 일을 두고 한 말뿐만 아니라, 그가 행한 전형적인 일들에서도 드러난다. 이 같은 맥락에서 예수는 기적을 행하는 자이자 치유자다. 어떤 이들은 예수가 마술사라고도 말한다. 그는 현명한 말로 자신의 지혜를 드러내는 현자이며, 하느님의 이름으로 특별한 말을 전하는 예언자다. 사람들은 그가 하늘에서 돌아온 엘리야나 죽은 자 가운데서 돌아온 세례 요한과 같은 인물인지 궁금해한다. 그는 왕으로 선포되고, 그의 죽음은 순교자의 죽음처럼 보인다.

이러한 역할은 어디에서 유래했을까? 어떤 역할은 사람들에게 회자되는, 그리하여 그 시대를 특징짓는 인물에서 비롯되기도 한다. 소크라테스, 모세, 엘리야, 디오게네스, 예레미야, 크라테스Crates 같은 인물들 말이다. 호메로스는 그리스인들에게 대중적인 수사와 전기를 통해 살아 숨 쉬는 영웅은 누구이고, 반反영웅은 누구인지를 이야기했다. 이와 유사하게 토라와 예언서는 유대인들에게, (어떤 면에서 호메로스의 작품보다 더) 강렬하고 구체적인 방식으로 자신들의 정체성을 규정할 수 있게 해 주는 재료를 제공했다.

앞서 나는 예수와 그를 따르는 사람들 사이에 일어나는 대화, 그리고 상호작용은 곧 해석의 과정이기도 하다고 말한 바 있다. 이 해석은 다양한 형태를 취하지만, 절대적인 중요성을 차지하는 해석은 바로 유대 성서에 대한 해석이다. 그렇기에 1세기 다양한 유대인 집단이 성서를 능숙하게 해석해 세상에서 삶의 의미를 어떻게 발견했는지를 많이 배우면 배울수록, 초기 예수 추종자들 사이에서 예수 그리스도라는 정체성이 어떻게 형성되었는지를 더 잘 이해할 수 있다.

쿰란으로부터의 단서들

1947년 사해 두루마리가 처음 발견된 이래 우리는 이 2천 년 된 사본이 로마 팔레스타인 지역 유대인들의 삶의 모습, 또한 '그리스도인'으로 불리게 될 새로운 종파의 출현에 대한 일반적인 이해를 변화시킬 잠재력을 가지고 있다는 것을 알고 있다. 물론, 이 두루마리를 사용하거나 제작한 집단과 그리스도교 사이의 관계에 대한 일부 가설은 공상에 가까우며 두루마리에 대한 상당 부분은 여전히 논란의 여지가 있다.[2] 그럼에도 불구하고, 사해 사본의 전문연구자들 사이에서는 이 사본의 주요 특징에 대해 폭넓은 합의가 이루어지고 있으며, 이러한 특징들은 우리가 당면한 문제에 대한 몇 가지 유익한 단서를 제공한다.

특히 사해 두루마리는 예수의 정체성이 어떻게 형성되었는지를 설명하려는 거의 모든 현대적 시도를 왜곡한 잘못된 정보 중 하나를 바로 잡아준다. 그건 바로 1세기 유대교에 메시아에 대한 표준 교리, 좀 더 일반적으로는 종말의 순간에 일어날 일에 대한 표준 각본이 있었다는 가정이다. 이 가정 위에서 학자들은 그가 실제로 메시아, 최후의 예언자 또는 사람의 아들(그런 인물이 있다면)이 해야 할 일을 실제로 행하고 말했는지에 대한 질문을 던지곤 했다. 이러한 사고 흐름은 1세기까지 거슬러 올라가는 그리스도교 변증 전략과 그리 다르지 않다. 루가 복음서와 사도행전에서는 이 전략을 분명하게 볼 수 있다. 두 권으로 구성된 이 작품은 초기 그리스도인들이 시도한 변증 역사 기술apologetic historiography의 산물이다. 이 책들에서 예수는 아주 단순한 삼단논법을 통해 메시아로 증명된다. '성서는 메시아가 반드시 X를 해야 한다고 말한다. 예수는 X를 했다. 따라서 예수는 메시아다.'[3]

---

[2] 위의 책, 45~46 참조.

[3] William S. Kurz, 'The Function of Christological Proof from Prophecy for Luke and Justin' (PhD diss., Yale University, 1976), microform version: UMI 77-14048.

사해 두루마리가 발견되기 훨씬 전부터 이 도식의 역사적 타당성을 의심할 만한 여러 이유가 있었지만, 사해 두루마리의 발견 덕분에 우리는 저 도식보다 훨씬 더 복잡한 그림을 발견하게 되었다. 오랫동안 숨겨져 있던 이 사본들은 근대 학자들이 대척점에 있다고 규정한 유대교 종파들의 경계(묵시론적 유대교와 할라카적 유대교, 신비주의 유대교와 실용주의 유대교, 전통적인 유대교와 진보적인 유대교, 팔레스타인 유대교와 헬레니즘 유대교)를 가볍게 넘나드는 조직과 이념을 가진 한 집단을 보여준다.

사해 두루마리에서 우리는 고정된 교리 체계 대신 악한 시대에서 의로움의 시대를 향한 변화, 희망으로 가득한 변화를 상상하는 다양한 방법과 최종 각본에서 다양하게 변화하는 인물들, 그리고 상상 속 세계에 공동체의 경험을 위치시키기 위해 진화하는 전략들을 확인할 수 있다. 가장 중요한 점은 이 두루마리를 통해 이러한 각본을 구상하고 적용하는 내부 과정을 엿볼 수 있다는 것이다. 사해 두루마리에는 초기 예수 운동이 수행해야 했던 작업과 유사한 세 가지의 일이 일어난다. 첫째, 카리스마적 인물의 중요성을 표현하기 위해 적절한 심상을 찾아야 했다. 둘째, 예언으로 해석되는 특정 본문들을 설명하고 공동체의 경험에 적용해야 했다. 셋째, 충격적인 사건, 추문을 하느님이 세상에서 활동하시는 일에 대한 설득력 있는 이야기 내에 배치해 그

의미를 설명해야 했다.[4]

의의 교사

쿰란에서 나온 몇몇 본문은 초창기 이 운동의 핵심 창립자였던 한 사람에 대해 알려준다. 카이로 회당의 창고에 있던 불완전한 중세 사본 두 개와 쿰란의 단편들에서 발견된 '다마스커스 언약'Damascus Covenant이라는 문서에서 우리는 이 종파의 시작에 대한 흥미진진하고 간략한 설명을 읽을 수 있다.

> 진노의 순간, 바빌론 왕 느부갓네살의 손에 그들을 넘겨준 지 390년이 지났을 때, 그분(하느님)은 그들을 방문하여 이스라엘과 아론에게서 심는 싹이 나게 하셔서 그의 땅을 소유하고 그의 땅의 좋은 것들로 살찌게 하셨다.
>
> 그들은 자신들의 죄를 깨닫고 자신들이 죄인인 줄 알았으나 소

---

[4] 초기 그리스도교의 성서 해석을 이해하는 문제에 있어 쿰란에서 발견된 성서 주석pesharim의 중요성을 신속하게 간파했던 학자로 닐스 A.달Nils A.Dahl을 들 수 있다. 그가 쓴 글 중 특히 다음이 참조할 만하다. Donald H. Juel(ed.), 'Eschatology and History in Light of the Qumran Texts', *Jesus the Christ: The Historical Origins of Christological Doctrine* (Minneapolis: Augsburg Fortress, 1991), 49~64. 이 책에 있는 다른 글들도 유익하다. 같은 저자가 같은 책에 쓴 '그리스도론 언어의 원천들'Sources of Christological Language(113~136)은 이 문제에 관한 그의 연구를 잘 요약하고 있다. 사해 사본 해석 문제와 관련된 최근 연구는 다음 책을 참조하라. Michael E.Stone and Esther G.Chazon(ed.), *Biblical Perspectives: Early Use and Interpretation of the Bible in Light of the Dead Sea Scrolls* (Leiden: Brill, 1998), 59~79.

경과 같았고 20년이 넘도록 길을 더듬는 사람과 같았다. 그리고 하느님께서는 그들이 온전한 마음으로 그분을 찾았기 때문에 그들의 행위를 평가하셨고, 그들을 위해 의의 교사를 일으켜서 그분의 마음의 길로 인도하셨다. (CDC-A, 1.5-11)[5]

이 두루마리에는 모레 하-쩨덱מוֹרֵה הַצֶּדֶק, "의의 교사" 혹은 "의로운 교사" 혹은 "정당한 교사"에 대해 아주 적은 정보만이 담겨 있다. 그는 이 종파를 설립하는 데 중추적인 역할을 했으나, 예수와는 달리 이 종교운동의 이념에서 그다지 독특하거나 중심적인 위치를 차지하지는 않았던 것 같다. 쿰란 문서에는 전기 기록이나 복음서가 없기에 우리는 "의의 교사"의 실제 이름도 알지 못한다. 그럼에도 불구하고 이 문서가 간략하게나마 그에 관해 묘사하는 방식에서 우리는 그리스도로서 예수의 정체성이 어떻게 출현했는지를 더듬어 볼 수 있는 몇 가지 단서를 발견할 수 있다.

첫째, '의의 교사'라는 명칭은 대부분 기능과 관련이 있다. 즉, 이 말은 특정 이해가 반영된 관념이라기보다는 자신이 조직한 공동체에서 그가 어떠한 역할을 맡았는지를 암묵적으로 보여준다. '의의 교사'는 공동체 구성원들이 이스라엘 전통과 성서에서 유명한 이야기를 떠올리게 할 정도로 그들의 상상력을 자

[5] Florentino García Martínez, *The Dead Sea Scrolls Translated: The Qumran Texts in English* (Leiden: E. J. Brill, 1994), 33.

극했고, 그들 사이에서 명성을 얻었다. 공동체 규칙서the Rule of the Community에 규정된 의식들에서 명확히 살펴볼 수 있듯이, '시나이 언약'의 갱신은 종파의 자기 이해에서 중심을 차지한다. 이를 염두에 두었을 때 '의의 교사'는 모세와 많은 부분에서 닮았다. 모세와 마찬가지로 그는 공동체의 예언자이고 제사장이며, 토라의 최종 해석자다.

둘째, 의의 교사가 공동체에서 어떤 역할을 맡았는지는 성서에 대한 암시를 통해, 그리고 일부 본문에 대한 직접적인 주석을 통해 설명된다. 쿰란 공동체는 한편으로는 본문의 일부 세부 사항을 매우 엄격하게 다루면서도 동시에 그 본문의 역사적, 문학적 맥락에서 벗어나 자신들이 속한 시간과 장소에 적용하는 데 거리낌이 없다.

마지막으로 성서의 별칭, 제도 및 예언을 종파 및 종파의 역사적 맥락에 구체적으로 적용하는 것은 그들이 "마지막 날"을 살고 있다는 믿음에 의해 승인된다. 이러한 의미에서 쿰란 공동체의 성서 해석은 종말론적 해석이다. 공동체 규칙서, 다마스커스 언약 규칙서, 그리고 다른 여러 두루마리에서 발견되는 성서 주석서들은 모두 성서 속 이스라엘을 자신들의 삶에서 재현하고자 하는 한 종파의 모습을 보여준다. 그리고 이스라엘 백성 삶에 대한 처방을 제공하는 성서에 대한 그들의 읽기는 그들의 특별한 경험을 통해 굴절된다. 쿰란 공동체의 주석서 중 예언자 하박국에 대한 주석은 그 대표적인 예다.

하느님께서는 하박국에게 마지막 세대에 일어날 일을 기록하라고 말씀하셨지만, 시대의 종말은 알려주지 않으셨다. 그리고 그분이 "그것을 읽는 사람이 달릴 수 있도록"이라고 말씀하셨을 때 "읽는 사람"은 하느님께서 그의 종인 예언자들의 말씀의 모든 비밀을 계시하신 의의 교사다. (1QpHab 7.1~4).[6]

난감한 본문들

쿰란 분파의 이념 발전에서 볼 수 있는 또 다른 요소는 공동체가 많은 의미를 담고 있는 것처럼 보이나 문자 그대로 읽으면 역사적 사실과 충돌하는 구절들을 다루는 방식이다. 예를 들어 사무엘하 7장 11~14절에 나오는 나단의 말을 살펴보자.

주님께서 너의 집안을 한 왕조로 만들겠다고 선언하신다. 너의 생애가 다하여서, 네가 너의 조상들과 함께 묻히면, 내가 네 몸에서 나올 자식(문자 그대로는 '씨')을 후계자로 세워서, 그의 나라를 튼튼하게 하겠다. 바로 그가 나의 이름을 드러내려고 집을 지을 것이며, 나는 그의 나라의 왕위를 영원토록 튼튼하게 하여 주겠다. 나는 그의 아버지가 되고, 그는 나의 아들이 될 것이다.

[6] 위의 책, 200.

처음에 이 예언은 솔로몬에게 적용되는 것처럼 보였지만, 솔로몬의 왕국은 "영원토록" 지속되기는커녕 그가 죽은 뒤 곧바로 무너졌다. 셀레우코스 왕조와 로마의 패권 아래 고통을 받았고, 기억에 남는 왕은 하스모니안 왕조의 제사장-왕priest-king들과 로마의 꼭두각시였던 분봉왕 헤로데뿐이었던 이스라엘 민족에게 이 성취되지 않은 예언은 잔인한 조롱처럼 보일 수 있었다. 그리고 쿰란 공동체의 단편들에서 볼 수 있듯 그 해결책은 종말론적 성취였다.

> 이것은 '다윗의 지파'(를 가리킨다). 이는 마지막 날에 시(온)에서 율법의 해석자와 함께 일어날 것인데, 기록된 대로, "무너진 다윗의 초막을 일으킬 것이다". (4QFlor 1:10~12)[7]

흥미롭지만 문제가 되는 또 다른 본문은 신명기 18장 15~18절이다.

> 주 당신들의 하느님은 당신들의 동족 가운데서 나와 같은 예언자 한 사람을 일으켜 세워 주실 것이니, 당신들은 그의 말을 들어야 합니다. 이것은 당신들이 호렙산에서 총회를 가진 날에 주 당신들의 하느님께 청한 일입니다. 그때에 당신들이 말하기

[7] 위의 책, 136.

를 "주 우리 하느님의 소리를 다시는 듣지 않게 하여 주시며, 무서운 큰불도 보지 않게 하여 주십시오. 우리가 죽을까 두렵습니다" 하였습니다. 그때에 주님께서 내게 말씀하시기를 "그들이 한 말이 옳다. 나는 그들의 동족 가운데서 너와 같은 예언자 한 사람을 일으켜 세워, 나의 말을 그의 입에 담아 줄 것이다. 그는, 내가 명한 모든 것을 그들에게 다 일러줄 것이다".

하지만 신명기는 단호한 진술로 마무리된다.

그 뒤에 이스라엘에는 모세와 같은 예언자가 다시는 나지 않았다. (신명 34:10)

결국 위의 본문 역시 종말론적 해석의 대상이 되었다. 이 본문에 기대어 사마리아 공동체는 희망의 불씨를 지폈고, 쿰란 종파는 현시대의 마지막에 오실 "예언자 … 그리고 아론과 이스라엘의 메시아"(1QS 9.11)를 기대했다.[8] 예수의 초기 추종자들에게도 두 본문은 중요했다.

---

[8] 위의 책, 13~14.

난감한 사건들

쿰란 공동체의 해석 활동을 자극한 세 번째 요인은 놀랍거나 불쾌한 사건이었다. 이러한 사건들은 그들에게 커다란 도전으로 다가왔다. 이를테면, 예루살렘의 공식 사제단과 서로 경쟁하는 달력을 가지고 있었던 이 종파는, 욤 키푸르(대속죄일)를 기념하는 날에 충돌을 일으켰다. 이들은 "홧김에 이웃에게 술을 퍼먹이고 술에 취하여 곯아떨어지게 하고는, 그 알몸을 헤쳐 보는 자야, 너는 망한다!'"(하박 2:15)라는 하박국서 구절에 자신들의 분노가 예견되어 있음을 발견했다. 그래서 그들은 이 구절을 이렇게 해석했다.

> (이 구절은) 의의 교사를 쫓다 포로로 잡힌 곳에서 절기, 곧 남은 속죄일에 맹렬한 진노에 사로잡혀 그를 집어삼키려 한 악한 제사장에 관한 것이다. (1QpHab 11:2~7)[9]

마찬가지 방식으로 그들은 의의 교사의 경쟁자가 일으킨 공동체 내부 분열의 이유, 정의가 왜곡된 이유를 성서 본문에서 찾을 수 있었다. 그리고 떠오르는 로마 제국의 무서운 힘은 바빌로니아에 대해 말한 본문에 예언되어 있다고 보았다.[10]

---

9 위의 책, 201(일부 수정).

10 분열에 대해서는 다음을 보라: 1QpHab 2:1~10, 5:1~12. "Chaldaeans" = Kittim (Romans)에 대해서는 다음을 보라: 2:10~4:14, 5:12~6:12.

의례, 시, 미드라쉬 - 그리스도론의 형성 과정

이제 다시 주요한 질문으로 돌아가 보자. 새로운 운동의 구성원들, 즉 예수를 따르던 이들은 어떠한 과정을 거쳐 자신들의 정체성을 "그리스도인"으로, 예수의 정체성을 영원한 말씀, 주님, 하느님의 아들, 그리스도로 보게 되었을까? 물론 이 과정은 매우 복잡하고 긴 과정이었으며, 초기 자료들도 부족하기에 온전히 이해하기는 어렵다. 다만, 몇 가지 사례들을 통해 일부를 추정해 볼 수는 있다.

십자가에 못 박힌 메시아

쿰란 공동체가 우주를 만든 신과 그 질서에 대한 믿음에 도전하는 사건들(사악한 제사장의 반대, 의의 교사에 대한 일부 추종자들의 배신, 로마 군대의 성공)을 다루어야 했다면, 예수의 첫 번째 추종자들은 그보다 훨씬 더 어려운 상황에 놓여 있었다. 그들은 지도자의 공개 처형이라는 냉혹한 현실을 마주해야 했기 때문이다. 로마 총독은 십자가에 못 박힌 예수를 비꼬며 "유대인의 왕"이라는 수식어를 붙였다. 로마의 패권에 감히 도전장을 내밀려 하는 식민지의 폭동 선동가들에게 보낸 일종의 경고였다. 유대인 역사가 요세푸스Josephus는 기원전 6년, 유대 지역이 로마에 점령되어 원로원 지방 시리아senatorial province Syria로 재편된 이후부터 기원후 66~73년에 일어난 비참한 유대 반란에 이르기까지,

로마의 점령에 대항했던 일련의 봉기를 묘사한다.[11] 그때마다 로마 총독은 군대를 파견하여 주동자를 체포하고 많은 이를 처형해 경각심을 심어주었고 남은 추종자들을 해산시켰다. 지도자의 처형은 남은 이들이 실의에 빠져들게 하기에 충분했다.[12] 하지만 예수의 추종자 중 일부가 빌라도가 남긴 표지판을 (무의식적으로라도) 일종의 예언으로 받아들였다면, 즉, 십자가에 못 박힌 예수가 실제로 이스라엘의 왕, 달리 말해 종말의 때에 진정한 기름 부음을 받은 왕이라는 불가능해 보이는 결론을 내렸다면, 그들은 두 가지 길 중 하나를 택해야 하는 거대한 문제와 마주했을 것이다. 해석할 것인가, 절망할 것인가.

그들은 절망하지 않았다. 남은 이들 중 초기 그리스도교 공동체를 형성한 이들에게 하느님에게 기름 부음 받은, 하느님의 대리인이 수치스러운 죽임을 당했다는 역설은 신앙을 형성한 핵심

---

11 이와 관련된 단락은 *Jewish War*, 2.117~18, 167~654. 그리고 3권 전체가 66년에 시작된 항쟁에 대해 다루고 있다. 병행 단락은 나중에 쓰인 다음 저작에서 찾아볼 수 있다. *Antiquities*, 18~20.

12 초기 그리스도교의 맥락을 이해하는데, 있어 이러한 운동의 중요성은 다음의 책이 강조했다. Richard A.Horsley, John S.Hanson, *Bandits, Prophets, and Messiahs: Popular Movements in the Times of Jesus* (Minneapolis, Chicago, and New York: Winston, 1985). 이 책은 초기 근대와 근대의 도적 및 농민 봉기에 대한 에릭 홉스봄Eric Hobsbawm의 신마르크스주의 분석을 통해 예수 시대의 이런 운동들을 해석한다. 반란의 정치적 측면에 대해서도 방대한 문헌이 있지만, 특히 한 권을 뽑는다면 다음의 책이 탁월하다. E.Mary Smallwood, *The Jews under Roman Rules from Pompey to Diocletian: A Study in Political Relations* (Leiden: E. J. Brill, 1981). 간략한 입문서가 필요하다면 다음을 보라. David M.Rhoads, *Israel in Revolution: 6-74 C.E.: A Political History Based on the Writings of Josephus* (Philadelphia: Fortress, 1976).

생각이 되었다.[13] 실로 경이로운 해석이었다. 어떻게 이런 해석이 가능했을까?

근본 해석의 움직임은 지극히 단순했다. 하느님께서 십자가에 못 박힌 메시아를 죽음에서 살리심으로써 빌라도의 행동을 무효로 만드셨다는 것이다. 십자가 사건이 일어난 지 20년이 채 되지 않아 이 이야기는 깔끔하게 균형 잡힌 표현들로 이루어진 정교한 공식으로 낭송되었다.

> 그리스도는 성경대로 우리 죄를 위해 죽으시고 무덤에 묻히셨으며, 성경대로 사흘 만에 다시 살아나셔서 나타나셨습니다.

그다음에는 확장 가능한 증인 목록이 이어진다.

> 게바에게, 그다음에는 열두 제자에게, 그다음에는 오백 명이 넘는 형제들에게 한꺼번에 나타나셨는데 그중 일부는 죽었지만, 대부분은 현재까지 남아 있으며, 야고보에게, 그다음에는 모든 사도에게 나타나셨습니다.

그리고 바울은 이 공식을 전해 받아 고린토의 개종자들에게 전

---

[13] 여기서도, 닐 A. 달이 쓴 글은 핵심을 겨냥한다. Nils Alstrup Dahl, 'The Crucified Messiah', *Jesus the Christ: The Historical Origins of Christological Doctrine* (Minneapolis: Fortress Press, 1991), 27~47. 이 글은 독일어로 1960년에 처음 출간되었고, 이후 1974년 영어로 출간되었다.

하며 이 말을 덧붙인다.

> 그리고 마지막으로 … 나에게도 나타나셨습니다. (1고린 15:3~8, 저자의 번역)

이 공식에는 몇 가지 특징이 있다. 첫째, 하느님의 기름 부음 받은 이로서, 메시아로서 예수의 정체성은 그의 죽음과 불가분의 관계에 있다. 이는 전통적인 메시아의 역할을 예수가 수행했기 때문이 아니다. (쿰란 문서에서 볼 수 있듯) 전통은 심지어 메시아가 단 한 사람이라는 생각에도 동의하지 않았다. 이 같은 맥락에서 유대 민간 전승에서 고난받는 메시아의 관념을 찾으려는 연구는 헛되며 핵심에서 벗어나 있다. 예수는 빌라도의 비꼬는 말을 통해, 예수가 유대인의 왕으로 죽었다는 최초 그리스도교 선지자들의 역설적인 믿음 가운데 메시아로 명명된 것이다.[14] 메시아 개념 자체가 변형된 것이다.

둘째, 충격적인 사건에 의미를 부여하는 과정에는 해석자들 본인이 참여한다. 그렇기에 위 공식을 보면 예수가 "우리 죄를 위해 죽었다"고 말한다. 십자가에 못 박힌 메시아의 부조리함은 다른 사람들을 위한 대리 죽음으로 이해된다. 이 믿음을 중심으로 형성된 공동체는 예수의 죽음 및 자신들 마음에 들어오게 된

[14] 이것이 달의 '십자가에 못 박힌 메시아'Crucified Messiah의 중심 주제다.

부활을 자신의 운명과 동일시했다. 그들은 세례 요한이 도입한 극적이고 종말론에 입각한 정화 의식에서 "그리스도 안으로" 세례를 받는 입문 의식을 만들었다. 그들은 이때 변화를 그리스도와 함께 죽고 묻혀서 자기들도 그리스도와 함께 부활하는 것으로 해석했다. 의례의 측면에서도 예수의 대리적 죽음은 포괄적인 죽음이 된다.[15]

셋째, 그리스도교 공동체를 형성한 예수 추종자들은 "성경에 따라" 의미를 유추했다. 십자가 처형 이야기에는 초기부터 이미 구약의 언어가 포함되어 있었다. 수난 이야기에 사실성을 부여하는 생생한 세부 사항은 시편에서 가져온 것이다.

> 지나가는 사람들이 그에게 고개를 흔들고 ... (마태 27:39)
>
> 그에게 식초를 주어 마시게 하고 ... (마태 27:34)
>
> ... 제비를 뽑아서, 그의 옷을 나누어 가졌다. (마태 27:35)

심지어 마르코 복음서는 예수의 "마지막 말씀"이 "나의 하느님, 나의 하느님, 어찌하여 나를 버리셨나이까"였다고 기록한다.[16]

---

15 예수의 죽음(과 부활)에 대한 이러한 제의적인 해석은 바울이 로마인들에게 보낸 편지 6장 3~4절에서 말한 내용에 가장 명확히 드러난다.

16 오래전부터 학자들은 초기 수난 서사의 형성에 있어서 원망의 시편이 갖는 중요성을 인식했다. 이를테면 다음을 보라. Donald Juel, *Messianic Exegesis: Christological Interpretation of the Old Testament in Early Christianity* (Philadelphia: Fortress, 1988), 89~117. 또한, 거기에 있는 추가 참고 문헌들을 참조하라.

천상에서 인간의 모습으로 내려온 이

초기 그리스도인들은 메시아를 언급하는 성서 본문을 그대로 이어받아서 예수에게 적용하지 않았다. 앞서 살펴보았듯 당시 메시아직에 대한 표준 이념은 존재하지 않았다. 그렇기에 예수가 메시아라고 믿었던 이들은 자신들에게 쓸모 있다고 생각되는 모든 종류의 해석 전통을 활용했다. 이를테면, 다윗의 자손이 영원한 왕이 될 것이며, 하느님의 아들이라고 불릴 것이라는, 쿰란에서 발견된 예언은 초기 그리스도인들이 희망을 담아 기름 부음 받은 왕에 대한 미래를 그릴 때 용이하게 쓰였다.[17] 바울은 이방인에게도 궁극적인 축복이 약속된 아브라함의 "씨"와 예수를 동일시하는 전통을 취했고, 히브리인들에게 보낸 편지의 저자는 예수가 천사들보다도 우월하다는 것을 보여주기 위해 이 전통을 사용했다.

신약성서 저자들이 가장 자주 인용하는 성서 본문은 시편 110편(70인역의 경우 109편)의 첫 구절이다. 그리스어 판본에는 이렇게 적혀 있다.

> 주께서 내 주님께 말씀하시기를 "내가 네 원수를 네 발밑에 발판으로 놓을 때까지 내 오른편에 앉아 있으라"고 하셨다. (시편 110:1, 저자의 번역)

17 위의 책, 77~81.

예수의 수치스러운 십자가 처형을 해석해야 했던 초기 추종자들에게 이 구절은 미래를 예비하는 말처럼 들렸다. 이 구절을 빌어 그들은 메시아의 패배는 일시적인 환상에 불과하며, 믿는 이들만이 알 수 있는 현실에서 하느님께서는 모든 "원수"를 물리치실 때까지 예수를 하늘로 들어 올리셔서 자신과 함께 통치하게 하셨다고 보았다.[18]

여기서 우리는 앞서 쿰란 주석에서 보았던, 그리고 다른 유대인들의 성서 해석에서도 찾아볼 수 있는 지점을 발견한다. 즉, 문제가 있거나 역설적인 요소가 있는 본문은 종종 독창적인 해석을 낳는 경향이 있다는 것이다. 문제는 이것이다. 시편의 그리스어 번역본(적어도 몇몇 판본)에서는 히브리어 '야훼'יהוה와 '아돈'אָדוֹן을 '퀴리오스'κύριος, 즉 "주님"으로 번역했다. 그렇다면 어떻게 하늘에 두 명의 "주님"이 있을 수 있을까? 유일신론 신학은 이러한 왕실 시인의 과장을 문제 삼을지 모르지만, 초기 그리스도인들은 이를 놀라운 기회로 삼았다. 실제로 이단적 관념을 우려하는 랍비들과 여러 유대인 해석자는 이 구절이 "하늘에 두 권세가 있을 수 있다"는 이단적 관념을 퍼뜨리지 않을까 우려했다. 그러나 이는 문제를 일으킨 수많은 본문 중 하나에 불과하다(앨런 시걸Alan Segal은 이러한 전통의 복잡성과 그로 인한 논쟁들을 잘 설명

---

[18] David M.Hay, *Glory at the Right Hand: Psalm 110 in Early Christianity* (Nashvilles: Abingdon: 1973). 그리고 다음을 참조하라. Donald Juel, *Messianic Exegesis*, 135~50.

했다).[19] 그중 몇 가지 본문은 그리스도인들에게 특히 중요했다.

어떤 의미에서 고전적인 사례는 히브리 성서 1장, 제사장 문서의 창조 이야기부터 등장한다.

> 하느님은 "우리의 형상을 따라 우리의 모양대로 우리가 사람을 만들자"라고 말씀하셨다. (창세 1:26, 저자의 번역).

여기서 "우리"라는 용어를 주석하는 것은 성가신 문제지만, 왕족 복수형royal plural(*군주이거나 높은 직책을 맡은 이가 자신을 가리킬 때 복수 대명사를 사용하는 것) 같은 것이라고 이해할 수 있다. 그럼에도 문제는 남는다. 엘로힘에게 속해 있으며, 인류의 원형이기도 했던 이 인간의 "모양"은 무엇일까? 성서 이야기를 면밀히 살피다가 모순을 발견하면 문제는 더 복잡해진다. 우리는 "어떤 인간도 (하느님)을 보고 나서 살아남을 수 없다" (출애 33:20, 저자의 번역)는 말을 듣는다. 그러나 같은 책의 앞부분에서는 "모세와 아론과 나답과 아비후와 이스라엘 장로 일흔 명이 올라가서 이스라엘의 하느님을 뵈었으며" 그 앞에서 "먹고 마셨으나" 어느 누구도 해를 입지 않았다고 말한다(출애 24:9~11). 그리고 이사야의 주장("내가 야훼를 보았노라"(이사 6:1))은 어떻게 해석해야 할까? 예

---

[19] Alan F. Segal, *Two Powers in Heaven: Early Rabbinic Reports about Christianity and Gnosticism, Studies in Judaism in Late Antiquity* (Leiden: E. J. Brill, 1977).

언자 미가야의 보고(1열왕 22:19)는 어떻게 봐야 하는가? 에스겔(1:10)이나 다니엘(7:9~14)의 복잡한 환상은 차치하더라도 말이다.

유대인 주석가들은 이런 본문의 난점에 대한 다양한 해결책을 제시했다. 이러한 해결책들은 흥미롭고 종종 유쾌하지만, 이런 부분까지 살펴보는 건 이 책에서 다루려고 하는 주제를 넘어선다. 여기서 중요한 것은 예수의 초기 추종자들이 예수가 누구인지, 그리고 예수를 믿는다면 어떤 사람이 되어야 하는지를 이해하기 위해 저 본문들을 어떻게 열성을 다해 활용했는지를 살피는 것이다. 바울은 자신이 격렬하게 반대했던 십자가에 못 박힌 메시아 종파로 개종하면서 "그리스도로 들어가는" 세례 의식을 거쳤다. 그가 이미, 혹은 수십 년 후 갈라디아에 있는 개종자들에게 편지를 쓰던 시점에, 세례 의식에서는 그리스도를 창조된 아담의 본本, 즉 하느님의 형상 그 자체로 표현했으며 세례를 그리스도라는 옷을 입는 것으로 표현했다. 한 사람이 물에 잠겼다 떠오를 때 그는 그리스도의 형상을 다시 입는다. 아담과 하와가 불순종으로 잃어버린 빛의 옷을 다시 입는 것이다. 세례를 통해, 그리스도와 함께, 죽은 "옛 사람"old anthropos이 받은 몸인 "가죽옷"은 대체된다. 그렇기에 시는 예수가 바로 천상의 사람heavenly anthropos이며 제2의 주님, 한 분 하느님의 자기표현이라고 노래한다.[20]

---

[20] Wayne A. Meeks, 'The Image of the Androgyne: Some Uses of a Symbol in Earliest Christianity', *In Search of the Early Christians: Selected Essays* (New

해석은 계속된다

여기서는 1세기 예수 추종자들 사이에서 예수의 정체성 중 일부가 된 여러 역할과 심상 중 몇 가지의 표본만을 살펴보았다. 또한, 그러한 역할들이나 심상들의 기원, 선행요소에 관심을 두기보다는 정체성이 형성되는 과정에 초점을 맞추었다. 이 과정은 간단하게, 혹은 단순하게 설명할 수 없으며 거칠고, 때로는 자기 모순적이다. 또한, 이 과정은 이스라엘의 경전들에 대한 해석의 과정임과 동시에 예수의 추종자들이 자신들의 세계, 경험, 자기 정체성을 해석하는 과정이기도 하다. 새로이 부상한 그리스도 교회의 지도자들은 경전의 해석 가능성(그리고 역사의 새로운 장이 열린 세상에서 새로운 삶의 가능성)이 확산하는 가운데 질서와 한계를 찾기 위해 고군분투했으며 몇 가지 지침을 만들려 노력했다. 그러한 노력의 산물인 신앙의 규칙The Rule of Faith과 진리의 규칙The Rule of Truth은 경계선을 긋고 결집점이 되었지만, 동시에 논쟁을 지피는 지점이 되기도 했다. 신자들은 성서를 읽는 여러 방법이 있음을 확인했다. 문자적 읽기와 그 대척점에 있는 영적 읽기가 있었고, 이 영적 읽기는 다양한 목적을 위해 여러 형태를 취할 수 있었다. 5세기 요한 카시아누스John Cassian은 이 중 세 가지 방식으로 교훈적(혹은 도덕적) 읽기, (신비주의적 혹은 종말론적 경향을 띨 수 있는) 유비적 읽기, 우의적 읽기를 꼽았다.[21] 해석 방법

Haven, CT, and London: Yale University Press, 2002), 3~54.

[21] 다음의 책들을 참조하라. James L.Kugel, Rowan A.Greer, *Early Biblical*

이 발전하는 가운데 다양한 목소리가 논쟁을 벌였고, 시대마다 새로운 긴장 지점이 생겨났으며, 과거의 해석자들이 했던 일을 다시 읽는 새로운 방식들이 생겨났다. 유행에 따라 변하는 철학, 주류 교회의 신중한 교리는 다양한 형태의 대중 신심 및 신앙과 충돌했고, 교회와 제국 정치는 언제나 영향력을 행사하려고 노력했다. 명확성과 혼란 사이의 투쟁, 끊임없이 변화하는 세상에 발맞추어 새로운 이해를 발굴해야 할 필요성과 한번 세운 기초들에 충실하려는 열정 사이의 투쟁은 결코 종결된 적이 없고 지금도 계속되고 있다.

그리스도 공동체 첫 번째 세대의 위대한 해석자인 사도 바울의 작업에서 우리는 이미 이런 투쟁을 분명하게 엿볼 수 있다. 다음 장에서는 그가 어떻게 예수의 죽음 이야기를 그리스도인의 삶과 사고의 핵심 은유, 즉 모두가 함께 생각해야 할 이야기로 바꾸었는지를 살펴볼 것이다.

Interpretation, Library of Early Christianity (Philadelphia: Westminster Press, 1986). Robert McQueen Grant, David Tracy, *A Short History of the Interpretation of the Bible* (Philadelphia: Fortress Press, 1984). 『성경 해석의 역사』(알맹e). P.R.Ackroyd and C.F.Evans(eds.), *From the Beginnings to Jerome* (Cambridge: Cambridge University Press, 1975), 412~586.

제4장

함께 생각해 볼 이야기

- 십자가 처형에서 은유로

이전 장에서는 예수가 예수 그리스도가 된 복잡한 해석 과정의 한 측면, 초기 예수 추종자들이 히브리 성서에서 예수를 이해할 수 있는 심상과 흐름, 이야기를 발견한 몇 가지 방식을 살펴보았다. 이러한 초기 해석자 대부분은 우리에게 익명으로 남아 있다. 그러나 우리가 그래도 잘 알고 있는 (물론 알면 알수록 더 수수께끼 같은 인물이기는 하나) 사람이 한 명 있다. 바로 사도 바울이다.

우리에게 바울이 수수께끼 같은 인물로 비치는 이유 중 하나는 우리가 너무도 자주 그를 조직신학자로 보려 하기 때문이다. 바로 그러한 가정 때문에 우리는 그가 명백한 불일치와 자기모

순을 보이면 화를 낸다. 제대로 훈련받은 역사비평가에게 바울의 성서 활용은 끔찍하다. 그는 본문의 일부를 뜯어내 본래 맥락에서 분리한 다음 원래 청중은 생각해 보지도 않았을 의미를 갖고 있다고 주장한다. 성서가 분명하게 토라에 대해 이야기하는 부분을 두고 바울은 아무렇지 않게 살짝 비틀어 그 본문이 실제로는 그리스도에 대해 이야기하고 있다고 선언한다. 예언자가 이스라엘 백성을 향해 너희가 불순종으로 인해 일시적으로 하느님의 백성이라는 자격을 박탈당했으나 하느님의 은총으로 다시 하느님의 백성이 될 수 있다고 선언한 내용을 두고 바울은 사실 그 본문은 자신이 설교하는 이방인을 향한 메시지라고 말한다. 오늘날 그가 신학대학원생이었다면 구약학 수업에서 낙제점을 받았을 것이다.

물론, 앞서 살펴보았듯 쿰란 종파의 지도자들도 성서를 해석할 때 유사한 일을 했다. 다른 많은 유대인 공동체도 각기 다른 방식으로 변화하는 삶의 상황에 대한 지침을 성서에서 찾으려 했으며, 자유롭고 독창적인 방식으로 해석했다. 바울은 자신이 처한 시대와 장소에서 흔히 볼 수 있는 해석 전략을 사용했을 뿐이다.[1] 이 사실을 받아들이는 건 바울이 한 일을 새롭게 바라보기 위한 출발점이다. 하지만 이건 어디까지나 출발점일 뿐이다.

---

[1] 고대 유대교의 성서 해석 관행에 대해서는 많은 문헌이 있다. 그중 가장 재미있고 통찰력 있는 책은 다음과 같다. James L.Kugel, *The Bible as It Was* (Cambridge, MA: Harvard University Press, 1997). 『고대 성경해석가들이 본 모세오경』(CLC).

우리는 바울이 했던 방식으로 성서를 해석할 수 없지만, 그가 복잡하게 성서를 해석하는 것을 보면서, 근대 신학을 지배해 온 방식과는 다른 방식으로 성서에 대해 생각하고, 또 사용할 수 있다는 점을 헤아려 볼 수 있다.[2] 또한, 바울과 다른 초기 그리스도인들의 해석 활동에는 또 다른 극pole이 있다. 3장에서 살펴보았듯, 그들은 예수의 죽음과 그에 관련된 일련의 사건들을 해석하기 위해 성서를 독창적으로 활용했지만, 동시에 성서에 근거한 예수에 대한 묘사를 통해 자신의 경험과 그들이 마주한 현실을 해석하기도 했다. 이 장에서는 후자, 즉 바울이 자신의 삶, 자신이 속한 세상을 해석하기 위해 어떻게 예수의 죽음과 부활 이야기를 활용했는지를 살펴볼 것이다. 이 과정을 통해 드러나는 바울은 조직신학자가 아니라 은유의 대가다.

바울을 조직신학자로 만들려는 시도는 로널드 F. 티만Ronald F. Thiemann*이 지적했듯 오늘날 많은 신학과 문학 비평 배후에 있는 "데카르트적 불안"Cartesian anxiety의 대표적인 예다. '데카르트적 불

---

[2] 바울의 특수한 성서 활용에 대해서는 다음 책이 명쾌하게 설명해 준다. Richard B. Hays, *Echoes of Scripture in the Letters of Paul* (New Haven, CT, and London: Yale University Press, 1989). 『바울서신에 나타난 구약의 반향』(감은사).

* 로널드 F. 티만(1946~2012)는 미국의 정치신학자, 루터교 목사다. 컨콜디아 신학교를 거쳐 예일 대학교에서 박사 학위를 받았으며 예일 대학교, 하버포드 칼리지를 거쳐 1986년부터 하버드 신학대학원 교수를 지냈다. 그리스도교 신학과 공적 삶의 관계, 민주주의 사회에서 종교의 역할 등에 관해 영향력 있는 저서를 남겼다. 주요 저서로 『공적 삶에서의 종교』Religion in Public Life, 『공공 신학을 구성하기』Constructing a Public Theology, 『계시와 신학』Revelation and Theology 등이 있다.

안'은 하나의 본문이 절대적으로, 명확하고 단일한 의미를 갖고 있든지 그 반대든지 둘 중 하나라고 가정한다. 체계적으로 단일한 의미를 추구하는 것은 이러한 가정이 발현된 것이라 할 수 있다. 이 반대편에는 (프랭크 커모드Frank Kermode의 말을 빌리면) 어떠한 서사도 "따를 수 없다"고 생각하는 포스트모던 비평가의 "해석학적 상대주의"hermeneutical relativism가 있다. 티만은 양쪽 모두 현실적이지 않으며, 어느 쪽도 바울에게 적용될 수 없다고 이야기한다.

진정 흥미로운 서사는 복잡성과 역설로 독자를 끌어들이기 마련이다. 타락한 이 세상에 긴장과 모순이 있기에, 그러한 서사에도 긴장과 모순이 있다. 그런 서사가 우리에게 말하는 진리, 혹은 진실은 단순한 교리가 아니라 언제나 우리 손에 잡히는 것 너머에 있는 실재다.[3] 바울은 그리스도교가 그런 종류의 서사를 구축하는 데 도움을 주었고, 이를 위해 은유의 장인이 되었다.

일상 언어에서 '은유'는 그리 좋은 평을 받지 못한다. 몇 년 전 신약학자들이 모인 자리에서 나는 바울이 초기 그리스도교가 발흥하는 데 가장 크게 공헌한 점으로 예수의 십자가를 거의 무한하게 확장 가능한 은유로 변형시킨 것을 꼽았다. 즉시 동료 중 한 사람이 반대했다. "바울에게 십자가는 한낱 은유가 아니었습

[3] Ronald F. Thiemann, 'Radiance and Obscurity in Biblical Narrative', *Scriptural Authority and Narrative Interpretation* (Philadelphia: Fortress Press, 1987), 21~41.

니다. 그에게 십자가는 문자적 사실이었습니다!" 그의 답변에서 가장 눈여겨봐야 하는 부분은 '한낱'이라는 표현이다. "한낱 은유"라는 표현에는 은유가 설명보다 못하다는 생각이 깔려있다. 나는 대답했다. "은유가 없다면, 십자가는 한낱 두 나뭇가지를 합쳐놓은 것에 불과합니다."

십자가의 로고스

고대 그리스어 '로고스'λόγος는 의미가 매우 풍부한, 마치 카멜레온 같은 단어다. 철학과 수사학 모두에서 이 단어는 다양한 심상을 떠올리게 했다. 신약학자들과 신학자들은 "태초에 말씀(로고스)이 있었다"고 쓰인 요한 복음서 첫 줄의 의미에 대해 지금까지 수천 쪽에 달하는 글을 썼다. 이 단어는 '발화'speech라는 뜻에서부터 (루가 복음서 및 사도행전 1장 1절과 같이) 여러 권의 책, 인간의 이성적 능력, 스토아 철학자들에게는 모든 현실의 합리적 구조인 보이지 않는 신성한 유체divine fluid에 이르기까지 다양한 뜻을 지닐 수 있었다. 바울이 고린토인들에게 보낸 첫째 편지 서두에서 "십자가의 말씀(로고스)"과 인간의 지혜를 대조했을 때, 단순히 십자가에 대해 이야기하는 것이 아님은 손쉽게 알 수 있다. 어떤 사도가 더 유명한지, 혹은 누가 더 큰 영적 은사를 갖고 있는지 옥신각신하던, 멋진 수사를 구사하고 높은 지위에 오른 이를 갈망하던 젊은 회중을 향해 그는 말했다.

> 형제자매여, 제가 여러분들에게 온 이유는 탁월한 수사를 구사하거나 지혜가 넘쳐서가 아니라 하느님의 비밀을 선포하기 위해서였습니다. 저는 여러분 가운데서 예수 그리스도, 십자가에 못 박히신 그분 외에는 아무것도 알지 않기로 결심했기 때문입니다. (1고린 2:2~3, 저자의 번역)

이 편지 15장 초반부 역시 바울이 고린토에 있는 새로운 개종자들에게 처음 설교했던 내용을 상기시킨다. 여기서 그는 처음에 예수를 따랐던 사람들이 으레 그랬듯 이 메시지를 '토 유앙겔리온'τὸ εὐαγγέλιον, 즉 "복음"이라고 부른다. 그리고 이를 단단한 공식으로 요약하면서, 이것이 자신이 그들에게 "가장 먼저 전한" 전승이라고 구체적으로 밝힌다.

> 그리스도는 성경대로 우리 죄를 위해 죽으시고 무덤에 묻히셨으며, 성경대로 사흘 만에 다시 살아나셔서 나타나셨습니다. 게바에게, 그다음에는 열두 제자에게 나타나셨습니다. (1고린 15:3~5, 저자 번역)

이것이 바로 그 이야기이다. 이 공식처럼 핵심만 선보이면 그리 정교하지는 않지만, 줄거리는 직접적이고, 충격적이며, 강력하다. 2장에서 살펴보았던 찬송에서 그는 더 발전된 양식을 인용했다.

기름 부음 받으신 예수,

하느님의 형상을 가지셨으나

이를 뜻밖의 횡재로 여기지 않으셨다.

하느님과 동등하기 위해

자신을 비우시고

종의 형체를 가져

사람의 모양을 닮아

사람의 모습을 취하셨고

자신을 낮추셔서

죽기까지 복종하셨다.

그렇다. 십자가의 죽음에 순종하셨다.

그러므로 하느님은 그를 높이 들어 올리셨고

그에게 이름을 부여하셨다.

모든 이름보다 높은 이름을

그래서 예수의 이름에

우리는 모두 무릎 꿇어야 한다.

하늘에 있는 자들과 땅에 있는 자들,

그리고 지옥에 있는 자들 모두.

그리고 모든 혀는 크게 외쳐야 한다.

주님은 예수 그리스도이다.

하느님 아버지께 영광을.

바울이 쓴 편지들 이후에 쓰인 복음서를 통해 우리가 알고 있는 수난 서사를 바울은 얼마나 알고 있었을까? 그는 그 서사 중 어느 정도를 자신이 설립한 교회에서 낭독했을까? 분명 위에서 언급한 요약본보다는 많이 알고 있었을 것이다. 최후의 만찬을 상기시키면서 "(예수께서) 배반당한 밤"(1고린 11:23)이라는 표현을 쓴 걸 보면, 고린토의 그리스도인들은 수난 서사에 대해 어느 정도 알고 있었을 것이다.

대부분의 경우, 바울은 하나의 관용구만으로도 청중에게 "십자가의 말씀(로고스)"을 상기시킬 수 있었다. 데살로니카 교인들에게 그는 말했다.

> 여러분이 우상을 버리고 하느님께로 돌아와서 살아 계시고 참되신 하느님을 섬기며, 또 하느님께서 죽은 사람들 가운데서 살리신 그 아들 곧 장차 내릴 진노에서 우리를 건져 주실 예수께서 하늘로부터 오시기를 기다리는지를 ... (1데살 1:9 이하)

더 간략하게 말할 때도 있다.

> 우리는 예수께서 죽으셨다가 살아나신 것을 믿습니다. (1데살 4:14)

갈라디아인들에게는 이렇게 말했다.

> 여러분 눈앞에서 … 예수 그리스도께서 십자가에 못 박히신 모습을 공개적으로 보여주셨습니다. (갈라 3:1)

중요한 것은 이러한 표현들이 바울이 쓴 글 곳곳에 등장한다는 점이며, 메시아 예수를 믿는 이들이 살아야 할 삶의 모습이 어때야 하는지에 대한 그의 견해의 근거가 되고 있다는 점이다. 바울이 이 소재를 얼마나 폭넓게 사용하는지를 보여주는 몇 가지 예를 들어보겠다.

험난한 세상에서 기쁨으로 살기

우선 바울이 우리에게 전한 첫 번째 편지이자 현재 우리가 알고 있는 한 가장 오래된 그리스도교 문서인 데살로니카인들에게 보낸 첫째 편지를 살펴보자. 이후 바울이 쓴 대다수 편지와 달리, 이 본문은 어떤 위기에 대한 대응으로 쓴 편지가 아니다. 이 글은 우정의 편지다. 친구들에게 보낸 여느 편지와 마찬가지로 이 편지에는 위로, 약간의 조언, 약간의 경고, 그리고 함께 있을 때 주고받았던 말과 행동을 상기시키는 내용이 담겨 있다. 편지의 절반 이상 분량을 바울은 첫 만남, 이후 일어난 일들, 그리고 친구들에 대한 바울 자신의 생각과 감정을 이야기하는 데 할애한다. 그들을 떠난 뒤, 계속해서 바울은 그들이 어떻게 지내는지 궁금해하고 걱정했다고 말한다. 소수 종파로 개종한 사람들이라면 으레 맞이하기 마련인 사회적 긴장 속에서 어떻게 신앙을 지켜내고 있는지 그는 궁금해한다. 결국, 바울은 "참다 못하여" 디모데를 보내 그들의 소식을 확인한다. 디모데가 돌아와 데살로니카 교인들에 관한 기쁜 소식을 전하자, 그는 이를 기억하면서 '유앙겔리제스타이'εὐαγγελίζεσθαι라는 동사를 사용한다. 이 동사는 다른 곳에서는 "복음을 전하다"는 뜻으로 사용한 동사였다.

> 그러나 이제 디모데가 여러분에게서 우리에게로 돌아와 여러분의 믿음과 사랑에 대한 기쁜 소식을 전하여 주었습니다. 그는 여러분이 우리를 늘 좋게 생각하고 있어서, 우리가 여러분을 간절히 보고 싶어 하는 것과 같이, 여러분도 우리를 간절히 보고 싶어 한다고 전하여 주었습니다. 친구들이여, 그래서 우리의 모든 곤경과 환난 가운데서도 우리는 여러분의 믿음의 소식에 안심하고 있습니다. (1데살 3:6~7, 개역영어성서Revised English Bible)

그보다 앞에서 바울이 말했듯(1데살 1:5) "기쁜 소식", "우리의 복음('유앙겔리온')"이 우정을 빚어냈다. 그리고 이 우정이 풍요로워지는 것 역시 기쁜 소식이다. 이 짧은 편지에서 그는 '유앙겔리온'이라는 명사를 여섯 번이나 사용한다. 이제 바울은 모든 불안, 안도감, 기쁨이 어우러진 독특한 우정 자체가 기쁜 소식, 즉 복음의 일부라고 말하는 것 같다.

이 복음에는 어떤 형태가 있다. 바울이 전하는 복음과 사람들이 받아들이는 복음, 이로 형성된 친교에 대한 바울의 언급에는 반복되는 이율배반antinomy이 있다. 바울은 말한다.

> 여러분이 많은 고난을 당하면서도 성령께서 주시는 기쁨으로 말씀(로고스)을 받았기에 여러분은 우리와 주님을 본받는 사람이 되었습니다. (1데살 1:6, 저자 번역)

여기서 핵심적인 단어는 '틸립시스'θλῖψις와 '카라'χαρᾶ인데 이는 각각 고난과 기쁨을 뜻한다. 나중에 바울은 고난이 너무 심할까 염려했기 때문에 디모데를 그들에게 보냈다고 말한다. 그리고 디모데는 바울이 처음부터 말했던 것을 그들에게 상기시켜 주어야 했다.

> 우리는 고난을 받을 운명입니다. (1데살 3:3~4, 저자 번역)

여기서 데살로니카 교인들이 겪는 "고난"affliction이 무엇인지 논의할 필요는 없다. 신개정표준판New Revised Standard Version은 해당 단어를 "박해"persecution라고 표현했지만, 이는 과한 번역이다. 편지의 다른 어떤 부분에서도 그리스도인 공동체에 대해 어떤 집단 학살pogrom이 있었다고 추정할 만한 근거를 찾을 수 없다. 우리가 알 수 있는 것은, 2장 14절이 말해주듯, 그들이 자신의 친족 또는 확장된 "지파"인 동족의 손에 고통을 받았다는 것이다.

이는 어느 정도 예상할 수 있는 부분이다. 친족 집단의 일부 구성원이 이질적인 소수 종파로 개종할 경우 사람들은 흔히 그에게 화를 내거나, 그를 피하거나, 공격하곤 한다.[4]

실제로 얼마나 고난을 받았든 여기서 관심을 기울여야 할 부분은 개종자들에게 제시한 바울의 고난에 관한 생각이다. 그는 모방의 연쇄라는 측면에서 그들의 경험을 설명한다. "많은 고난을 당하면서도 성령께서 주시는 기쁨으로" 십자가의 말씀(로고스)을 받음으로써 개종자들은 바울과 주님을 본받는 사람이 되었다고 말한다. 이미 그는 교인들에게 자신의 고난에 대해 이야기한 바 있다. 처음 그는 필립비에서 고통을 겪고 폭행을 당한 뒤 데살로니카에 왔다. 그러나 그럼에도 불구하고 하느님의 도우심으로 그는 담대하게 "하느님의 복음"을 전했다(1데살 2:1~2). 데살로니카 교인들은 동족에게 고난을 받았기 때문에 유대에 있는 회중을 본받는 사람이 되었다(1데살 2:14). 다음으로 그들은 "마케도니아와 아카이아에 있는 모든 (새) 신자들"(1데살 1:7)의 모범('튀포스'τύπος)이 되었다. 믿음으로 인해 타락한 세상의 얼굴을 똑바로 볼 수 있게 된 이들은 필연적으로 고난을 받을 수밖에 없다. 하지만 그러한 가운데서도 하느님께서는 선물로 기쁨을 주

---

[4] 데살로니카인들에게 보낸 첫째 편지에 나타난 개종자들의 문제에 대해서는 다음을 보라. Abraham J.Malherbe, *Paul and the Thessalonians: The Philosophic Tradition of Pastoral Care* (Philadelphia: Fortress Press, 1987), 46~48. 또한, 다음을 참조하라. Wayne A.Meeks, *The Origins of Christian Morality: The First Two Centuries* (New Haven, CT and London: Yale University Press, 1993), 18~36.

신다. 이것이 바로 십자가의 말씀(로고스)이다.

그렇다면 바울이 전한 복음은 일종의 가학성애sadomasochism를 옹호하는 것에 불과할까? 그렇지 않다. 바울이나 데살로니카 개종자들은 고통받기를 자처하지 않았다. 다만 모든 형태의 진리에 저항하는 세상에서 그들이 담대하게 말했기('파레시아'παρρησία) 때문에 고난을 받은 것이다. 그들이 성령으로 받은 기쁨은 (어떤 현대 영화가 묘사하듯) 채찍에 눈이 찢기고 살이 벗겨지는 것을 보고 좋아하는 가학적 쾌락과는 아무런 상관이 없다. 십자가의 말씀(로고스)은 예수를 죽음에서 살리신 하느님의 합리성이다. 그렇게 부활한 이의 십자가는 이 세상에서의 삶에 대한 은유가 된다.

옛것은 죽었다. 자유는 살아남는다

바울이 데살로니카인들에게 보낸 첫째 편지에서 사용한 모방의 언어는 위험하다. 이 언어는 우리가 예수를 본받으면 예수처럼 될 수 있고, 그렇게 되면 하느님이 우리를 돌보아 주시고, 멋진 삶을 살 것이라고 생각하도록 유혹한다. '예수라면 어떻게 하셨을까?'와 같은 단순한 질문을 던지면 여러 도덕적 문제에 대한 정답을 얻을 수 있으리라고 생각하도록 우리를 유혹한다. 또한, 이 언어는 우리가 고통을 감내하면 이익을 얻으리라고 생각하도록 유혹한다. 그러나 바울은 분명 그렇게 말하고 싶어 하지 않았다. 그가 데살로니카 교인들에게 말하고자 했던 이야기는 예수처럼 되고, 바울 자신처럼 되고, 고된 삶 가운데서도 기쁨을 발견하는 유대 회중처럼 되는 것은 우리의 성취가 아니라 선물이라는 것이다.

후에 바울이 갈라디아에 있는 회중에게 편지를 썼을 때, 그는 갈라디아 교회에서 위기를 맞고 있었다. 그가 보기에 이 위기는 '우리가 하느님과 더불어 의롭게 되려면 어떻게 해야 할까?'라는 물음과 깊은 관련이 있었다. 바울이 갈라디아를 떠난 뒤, 그가 시작한 일을 마무리하기 위해 다른 사도들이 아나톨리아 중앙 고원 지대에 있는 외딴 마을로 들어왔다. 그들은 이방인들이 예수를 메시아로 받아들여야 하며, 하느님의 특별한 은총을 입었으니 이 이방인들도 하느님 백성에 편입되어야 한다고 말했다. 이방인들은 이제 첫걸음을 내디뎠다. 하느님의 영은 그분이 이를 승인하셨음을 보여준다고, 이제 그들은 개종을 완료해야 한다고, 그러므로 모든 남자는 할례를 받아야 한다고 다른 사도들이 주장했다. 그것이 그들이 생각하는 하느님의 율법이었기 때문이다. 그들에게 율법은 자신들의 규칙이 아니라 하느님의 규칙이었다. '성경'에 쓰인 내용이었기 때문이다.

바울은 자기도 히브리 성서에 대해 잘 알고 있다고, 자신은 전문가였으며, 율법과 전통, 규칙에 대해서도, 이를 지키지 않은 이들이 어떤 의로운 심판을 받게 되었는지도 잘 알고 있다고, 심지어 자신은 열광주의자였다고 말한다(갈라 1:13~14 참조). 그러나 하나의 놀라운 사건이 발생했다. 그리고 이 사건은 바울의 관점을 송두리째 바꾸어 놓았다. 그는 말한다.

> 할례를 받거나 안 받는 것이 중요한 것이 아니라, 새롭게 창조되는 것이 중요합니다. (갈라 6:15)

바울은 무언가를 발견하거나 만들지 않았다. 하지만, 예수 그리스도를 통해 "내 쪽에서 보면 세상이 죽었고, 세상 쪽에서 보면 내가 죽었"(갈라 6:14~15)다. 그에게 새로운 창조가 일어난 것이다. 화려한 표현이지만, 그렇다고 해서 부주의한 표현은 아니다. 바울은 매우 신중하다. 편지 마지막 부분, 자필로 쓴 요약문에서 그는 자신의 핵심 주장이 담긴, 약간 다른 형태의 공식을 반복한다.

> 율법과 관련해서는 율법으로 말미암아 나는 죽었습니다. 하느님에 대해 살게 되었기 때문입니다. 그리스도의 십자가를 통해 나는 십자가에 못 박혔습니다. 이제 나는 살아있습니다. 그러나 더는 내가 사는 것이 아닙니다. 그리스도께서 내 안에 사십니다. 이제 내가 육체 안에서 사는 것은, 나를 사랑하셔서, 나를 위하여 자신을 버리신 하느님의 아들을 믿는 믿음 안에서 사는 것입니다. (갈라 2:19~20, 저자 번역)

바울은 충격적인 경험을 했다. "다시 태어났다"고 말할 수 있을 정도로 말이다. 그러나 여기서 그는 자신의 경험에 대해 말하지 않는다. 데살로니카의 개종자들이 본받아야 할 것은 바울의 경험이 아니다. 수백 년에 걸친 근대의 주관주의와 개인주의, 달콤한 경건주의, 대각성 운동과 천막 집회, 부흥 설교자들과 그의 상업적 후계자들인 텔레비전 복음 전도자들의 후예인 우리는 바울이 말하는 것을 듣기 어렵다. 물론 그는 변화되었다. 바울의 삶은 180도 바뀌었다. 그러나 이는 단지 진정한 변화의 증상일 뿐이다. 달리 말하면, 바울은 세상이 변했다는 사실을 발견한 것에 대한 반응으로 변화했다. 새로운 창조가 있다. 하느님께서 자신의 아들인 메시아가 죽음을 겪고 다시 살아나는 과정을 통해 이를 이루셨다. 이 새로운 창조에서 하느님께서 과거에 직접 주신 규칙들, 바울이 이를 지키지 않는 모든 사람을 핍박했을 정도로 열심히 수호하려 했던 전통들, 저 하느님의 책인 '성경' 자체가 완전히 새로운 의미를 갖게 되었다. 하느님의 책은 말했다.

> 너희 가운데서, 남자는 모두 할례를 받아야 한다. (창세 17:10)

또한, 이렇게도 말했다.

> 나무에 매달린 사람은 누구나 하느님의 저주를 받는다. (신명 21:23, 저자 번역, 갈라 3:13 참조)

이를 고려한다면, 십자가에 달린 메시아라는 관념은 터무니없는 것이었다. 십자가에 못 박힌 것은 저주이기 때문이다. 그렇다면, 이를 아는 이에게 놓인 선택지는 두 가지다. 열성을 다해 저 터무니없는 생각을 지우든지, 아니면 하느님께서 자기 책의 규칙을 직접 다시 쓰셨다는 점을 인정하든지. 바울은 후자를 택했고, 그에게 십자가에 못 박힌 메시아라는 터무니없는 이야기는 완전히 새로운 것을 이 세상에 끌어들이는 쐐기가 되었다.

승자독식의 세상에서 하느님의 어리석음

고린토에서 바울의 복음을 받아들인 개종자들은 그가 전한 새로운 복음에 열광적으로 반응했다. 그들은 성령으로 충만했다. 그들은 예언했다. 계시를 받았고, 기적을 행했으며, 방언으로 말했고, 새로운 노래를 불렀다. 바울이 묘사한 바에 따르면 그들의 주간 모임은 꽤 시끄러웠다(1고린 14:26~40 참조). 하지만, 모두가 마냥 기뻐하기만 한 것은 아니다. 이를테면 모임을 주최했던 집 주인들은 노예들이 새로운 계시를 선포하고, 심지어 "여자들이 대담하게 예언하기 시작했을 때" (1고린 11:2~16 참조) 마냥 기뻐하지 않았을 수 있다. 당시 기준에서 사회의 위계질서가 뒤흔들리고 있었기 때문이다. 주의 만찬을 위한 모임을 할 때 주최자들은 정상적인 계급 구분을 강화했고, 그로 인해 긴장이 발생했다(1고린 11:17~34 참조). 가족의 가치가 위협받았다. 어떤 이들, 이른바 영적인 사람들은 성관계를 하지 않고 함께 살아야 한다 말하기도 했고, 다른 사람들은 "아니, 이제는 모든 것이 허용됩니다. 결국 우리는 영적인 존재고 성관계는 육체와 관련이 있을 뿐이니까요. 음식은 배를 위한 것이고, 배는 음식을 위한 것이지만, 하느님께서는 이것도 저것도 다 없애 버리실 것입니다"(1고린 6:13 참조)라고 말하기도 했다. 일부 부유한 사람들은 고린토에 있는 수많은 신전에서의 식사 초대를 수락하며 사회적 의무를 다했는데, 어떤 신자들은 그 모습에 경악을 금치 못하며 말했다. "그건 우상 숭배요!" 성전에 다니는 사람들은 반박했다. "말도 안 되는 이야기요. 아직도 모르오? 바울이 한 말을 듣지 못했소? 그가 전한 새로운 소식에 따르면, 신전의 신들은 실재하지 않소. 우리는 우리가 원하는 것은 무엇이든 할 수 있단 말이오."(1고린 8~10장) 설상가상으로 어떤 이들은 바울의 조언을 구하는 것조차 반대했다. 바울이 떠나고 그들이 만난 아볼로는 카리스마가 있는 사람이었기 때문이다. 그는 대단한 연설가였으며, 지혜로웠다. 편이 갈렸다. "나는 아볼로의 사람이오." "나는 바울의 사람이오." "글쎄, 나는 게바 편이오." 엉망진창이었다.

이에 대한 응답으로 바울은 고린토인들에게 또 다른 편지를 썼다. 분실되어 우리에게 전해지지는 않는 첫 번째 편지는 상황을 바로잡는 데 그다지 성공적이지 못했다. 그들은 부러 바울의 말을 오해했고, 분열은 더 심해졌다. 그래서 바울은 우리가 고린토인들에게 보낸 첫째 편지라고 부르는 길고 세심한 편지를 썼다. 마거릿 미첼Margaret Mitchell*이 보여주었듯, 바울은 시민 화합을 위한 연설에서 검증된 수사학을 채택했다. 고대 그리스 도시 생활에서는 조화, 즉 '호모노이아'ὁμόνοια를 중시했다. 오늘날에도 아테네 주요 광장은 "호모노이아 광장"이라고 불린다(파리의 콩코드 광장Place de la Concorde과 비교해 보라). '호모노이아'란 고대의 연설가들이 적절한 질서가 있어야 한다고 말하며 썼던 말이다. 이 말을 빌려 그들은 모든 시민과 노예들이 자신이 속한 곳을 알아야 한다고 이야기했다. 통치하는 자와 통치받는 자로 대표되는 모든 계급은 자신의 위치를 알고, 그렇게 질서를 이루어야 했다. 마치 우리 몸속 어떤 기관도 서로를 질투하지 않고 자신의 기능에 충실하듯 말이다. 바울은 이 모형에 기초해 편지를 썼다. 때로는 12장에 나오는 몸에 관한 이야기가 그렇듯 진부한 이야기를 하기도 했다. 하지만 바울의 이야기는 기존의 이야기와는 무언가 달랐고, 그 차이는 심대했다.[5]

그리스 · 로마 사회를 움직인 동기는 '필로티미아'φιλοτιμία, 즉

---

* 마거릿 미첼(1956~)은 미국의 신약학자이자 초기 그리스도교 역사가다. 맨하튼빌 대학을 거쳐 시카고 대학교 신학대학원에서 석사 학위, 박사 학위를 받았으며 현재 시카고 대학교 신학대학원에서 초기 그리스도교 문헌 및 신약학 교수로 활동 중이다. 초기 그리스도인들이 그리스-로마 세계와 상호작용을 이루며 자신의 고유성을 드러냈는지에 관한 다양한 저술을 펴냈다. 주요 저서로 『바울과 화해의 수사학』Paul and the Rhetoric of Reconciliation, 『천상의 나팔』The Heavenly Trumpet 등이 있다.

5 Margaret Mary Mitchell, *Paul and the Rhetoric of Reconciliation: An Exegetical Investigation of the Language and Composition of 1 Corinthians* (Louisville, KY: Westminster John Knox Press, 1992).

"야망"이었다. 이는 문자 그대로 "명예에 대한 사랑"을 뜻한다. 로마는 매우 계층화된 사회였고, 명예는 지위와 긴밀히 연결되어 있었고, 공적 활동과 관련이 있었다. 부자들은 공공사업에 돈을 기부했고 그 대가로 돈을 낸 건물이나 안뜰에 큰 비문, 때로는 공공장소에 동상을 세우기도 했다. 그들은 공직에 선출되었고, 그 대가로 더 많은 기부를 하고 더 많은 영예를 얻었다. 고린토는 대다수 고대 도시와는 조금 달랐다. 이 도시는 기원전 146년 로마에 의해 파괴된 후 율리우스 카이사르가 다시 로마 식민지로 재건하기 전까지 100년 동안 황폐하게 방치되어 있었다. 새로운 식민지 주민 중 상당수는 자유민freedmen(예전에 노예였거나 노예의 자녀였던 사람들)이었다. 오늘날까지 전해지는 비문을 통해 우리는 지역에 귀족이 없는 이 드문 상황에서 그들이 어떻게 자신의 명예를 높이기 위해 애를 썼는지 알 수 있다. 그들은 돈을 벌어 큰 공공건물을 짓는 데 기부하고 자신의 이름을 새겼다. 그들 중 한 사람은 식민지의 4대 최고 관직 중 하나인 조영관aedile으로 승진했고, 그 대가로 극장 앞 광장을 포장했다. 그의 이름은 에라스토스Erastos로 아마도 바울이 편지를 보낸 개종자였던 도시 재무관 에라스토스와 동일 인물이었을 것이다.[6]

핵심은 고린토에서 예수를 따르던 이들, 작은 가정 교회에 속

[6] 고린토의 사회적 상황에 대해서는 다음을 보라. Wayne A. Meeks, *The First Urban Christians: The Social World of the Apostle Paul* (New Haven, CT: Yale University Press, 2003), 47~49. 『1세기 기독교와 도시 문화』(IVP).

해 있던 이들에게는 지위가 매우 중요했다는 것이다. 그들 중 일부는 당시 기준으로 볼 때 평범한 사람들이었지만, 바울이 설교한 복음으로부터 (적어도 예수 종파 내부에서) 지위를 얻는 새로운 방법을 발견했다. 그들은 성령을 가지고 있었다(물론 그들 중 일부는 다른 이들보다 더 많은 성령을 가지고 있었다). "나의 은사charisma가 당신의 은사보다 낫소. 나는 방언을 할 수 있소!" "당신의 후원자는 에라스토스요? 아니면 클로에요?" "글쎄 ... 내 후원자는 바울이오." "내 후원자는 아볼로이올시다." "내 후원자는 예수요!" 이런 이들에게 바울이 격분하며 비꼬는 말을 한 것은 그리 놀라운 일이 아니다.

> 형제자매 여러분, 여러분의 소명을 보십시오! 육신을 따라 지혜로운 사람은 많지 않았고, 거물도 많지 않았고, 귀족도 많지 않았습니다. 하느님께서는 세상의 미련한 이들을 택하셔서 지혜로운 이들을 부끄럽게 하셨고, 세상의 약한 이들을 택하셔서 강한 이들을 부끄럽게 하셨습니다. 하느님께서는 그것들을 무너뜨리기 위해 세상의 천한 것들, 멸시받는 것들, 아무것도 아닌 것들을 택하셨습니다. (1고린 1:26~28, 저자 번역)

고린토의 그리스도인들은 복음이 무언가 새로운 것임을 이해하고 있었다. 그들은 그 새로움이 삶의 방식에, 집과 작업장, 거리와 신전, 고린토의 아고라에 영향을 미친다는 것을 알고 있었다.

복음은 관계, 지위, 명예에 대한 갈망과도 관련이 있었다. 바울은 그들에게서 새로움을 빼앗고 싶지 않았다. 그러나 새로움에 대한 그들의 시각은 아직 충분히 새롭지 않았다. 그들은 복음의 영광을 승자독식의 낡은 세상에서 앞서 나가기 위한 수단으로 쓰고 있었다. 바울은 그들에게 전혀 다른 세상, 완전히 새로운 창조가 있음을 보여주고 싶었다. 이 새로운 세상에서 진정한 승자는 십자가에 못 박히신 이, 겸손함 때문에 영광스러운 이, 오직 자신의 왕국을 하느님께 전해드리기 위해 승리하신 이다.

그들은 (특히 자신의 영적 '그노시스'γνῶσις, 그들의 "지식"과 "지혜"를 자랑스러워했던 이들 사이에서) 배워야 할 것이 많았다. 하지만, 바울 역시 그들의 오해와 씨름하면서 배워야 했다. 그 역시 모두가 그러했듯 여전히 옛 세계에 살고 있었다. 바울은 자신이 알고 있는 그리스어, 수사학, 철학의 모든 도구를 사용하여 이 옛 세계에서 일어난 새로운 일을 표현하려 했다. 바울이 편지의 주된 목적을 소개하는 부분, 그 부분에 실린 격앙된 문장에서 우리는 그가 했던 분투의 흔적을 엿볼 수 있다.

> 형제자매 여러분, 우리 주 예수 그리스도의 이름으로 여러분에게 호소합니다. 여러분 모두가 같은 말을 하고, 여러분 가운데 분열이 있지 않기를 바라며, 그리하여 여러분이 같은 생각과 의견으로 세워지기를 바랍니다. (1고린 1:10, 저자 번역)

모두가 같은 말을 하고, 같은 의견을 가진다니 아름답고, 참으로 조화로운 풍경이다. 오늘날 많은 목회자도 은연중에 바라는 교인들의 모습, 교회의 모습일지 모르겠다. 모두가 같은 의견을 갖고, 그렇기에 갈등도 없고, 논쟁도 없는 그런 교회 말이다. 그러나 잠시만 생각해 보면, 이런 광경은 그리 좋은 모습이 아님을 이내 깨달을 것이고, 실제로 바울 또한 이를 원치 않았다. 이를테면 고린토인들에게 보낸 첫째 편지 8~10장에 나오는 우상에게 바치는 고기 문제를 생각해 보라. 이 부분을 정직하게 읽으면 바울이 자신의 생각을 한쪽으로 정하지 않았음을 알 수 있을 것이다. 먼저 그는 "아는 자들"의 의견에 동의하며, 성전에 있는 신상들은 진짜 신이 아니라는 데 동의한다(1고린 8:4~6). 그러나 바울은 이러한 지식을 알지 못하는 "약한" 사람들에 대한 책임이 "아는 자들"에게 있음을 상기한다(8:7~13). "그렇습니다. 지식은 당신들에게 권위를 부여합니다. 그러나 그 권위는 공동체의 다른 구성원들에게 어떤 영향을 미칩니까?" 이어서 바울은 말한다. "권위에 대해 이야기해 봅시다. 나는 사도로서 급여를 받고 여비를 받을 수 있는 권위가 있습니다. 하지만 그 권위를 사용하느니 차라리 죽겠습니다. 그 권위를 포기하고 내 손으로 노예가 되는 것이 내 자유를 보여주기 때문입니다. 그렇습니다. 모든 사람으로부터 자유로워진 나는, (고대에 선동가demagogue가 그랬듯) 많은 사람을 얻기 위해 모두의 노예가 되었습니다."(1고린 9장 참조)

그다음 그는 다시 방향을 돌려서 우상숭배에 대한 "약한" 그리스도인들의 공격을 뒷받침한다. 그는 초입부에서 우상숭배에 대한 핵심 논의들을 인용하고, 거기에 이에 관한 간단한 미드라쉬를 덧붙인다(1고린 10:1~13). 바울에 따르면 우상은 진짜가 아닐지 몰라도 귀신은 진짜이며, 하느님의 식탁과 귀신의 식탁에서 모두 먹을 수는 없다(1고린 10:19~21 참조). 다시 그는 공동체 내 똑똑한 이들에게 말한다. "맞습니다. 이제 모든 것이 허용됩니다. 여러분에게는 먹거나 먹지 않을 권한이 있습니다. 그러나 모든 것이 공동체를 세우는 것은 아닙니다"(1고린 10:23 참조). 마지막이 되어서야 그는 "아는 자들"에게 동의하면서, 육류 시장에서 파는 것은 무엇이든 먹을 수 있다고 이야기하며 그 근거도 제시한다(1고린 10:24~30 참조).

무슨 일이 벌어지고 있는 걸까? 바울은 모든 사람이 같은 말을 하도록 하는 대신, 양쪽 모두, 특히 지혜와 지식에 자부심을 가진 사람들보다 표현력이 훨씬 떨어지는 "약한" 사람들이 더 분명하게 말할 수 있도록 도왔다. 또한, 그는 이 대화에 여러 다른 목소리(성서의 목소리, 전통의 목소리, 관습의 목소리, 공동체 자체의 목소리)도 추가한다. 그러나 무엇보다도 바울이 기쁜 소식이라고 불렀던 핵심 서사에서 가장 강한 목소리는 십자가의 말씀(로고스)이다. 따라서 고린토 교인들의 다양한 주장을 복잡하면서도 능수능란하게 조율한 끝에 데살로니카인들에게 보낸 첫째 편지에서 두드러지게 나타나는 주제로 바울이 돌아가는 것은 그리 놀라운 일이 아니다.

> 내가 그리스도를 본받는 사람이 된 것같이 여러분도 나를 본받는 사람이 되십시오. (1고린 11:1)

결론

바울에게 십자가의 로고스는 단순히 예수의 십자가 처형에 관한 이야기 그 이상의 의미가 있다. 이는 "예수 그리스도의 믿음"에 사로잡힌 이들에게는 현실의 논리 자체가 바뀌었다는 것을 뜻한다. 십자가의 말씀은 새로운 창조다. 이 변화는 간접적으로, 은유를 통해서만 표현할 수 있다.

바울의 핵심 이야기는 단순하면서도 놀라웠다. 하느님의 아들이자 기름 부음 받은 사람은 바로 그 예수였다. 그는 가장 수치스럽게 십자가에 못 박혔고, 죽었고, 땅에 묻혔다. 그러나 하느님께서 그를 죽은 자들 가운데서 되살리시고 하늘에서 자신의 보좌와 이름을 나누도록 높이셔서, 만물이 그에게 굴복하고, 하느님만이 의로움 가운데 모든 백성과 창조물을 통치하실 때까지, 주님으로서 하느님의 우편에 앉게 하셨다. 회심한 바울의 생애는 이 이야기가 하느님의 뜻에 순종하며 사는 삶에 대한 그의 관념을 산산조각 내고 다시 창조했다는 깨달음에서 시작된다. 또한, 바울은 이스라엘이 하느님의 백성으로 세상에 존재하는 근본 이유 또한 자신과 똑같다고(산산조각 나고, 다시 창조되었지만, 보존된다고) 생각했다. 그는 자신이 세운 다양한 공동체에 언제나 그들이 각자가 처한 구체적 상황에서 저 근본 이야기와 비슷한 방식으로 행동하도록 제안하고, 회유하고, 논쟁하고, 위협하고, 부끄러워하게 하고, 격려하기 위해 편지를 썼다. 이 가운데 바울은 그리스도 이야기를 해석하기 위해 오래된 이야기와 오래된 규칙, 격언, 관습, 그리고 도덕적 상식을 활용함과 동시에 그러한 오래된 이야기와 규칙, 격언, 관습, 상식을 변화시키기 위해 그리스도 이야기를 활용했다. 그렇기에 바울의 담화에는 다의성polyphony이 있다. 그는 다양한 목소리가 말할 수 있게 하고, 이를 통해 바흐친이 말한 '대화적 상상력'을 통해 저 핵심 은유the master metaphor를 삶에 적용했다.[7]

이후 그리스도교 담론에 바울이 남긴 가장 심오한 유산은 그가 자신이 들은 사건을 엄청난 생성력과 변혁하는 힘을 지닌 다목적 은유multipurpose metaphor로 변형시킨 것이다. 무엇보다도 그는 모든 사회에서 인간관계를 통제하는 권력관계의 중요성을 꿰뚫어 보았다. 바울은 이를 사회 이론이 아니라 그리스도교 가정-공동체들house-communities, 특히 고린토에서 생긴 구체적인 지도력의 위기와 분열의 위험에 대한 대응으로 풀어냈다. 하느님의 능력이 십자가의 약함으로 나타난다면, 하느님의 지혜가 십자가에 못 박힌 사람이 메시아라는 어리석은 주장으로 나타난다면, 높은 지위에 있는 사람, 부유한 사람, 잘 교육받은 사람, 세련된 수

[7] 바울의 도덕 전략에 대한 보다 자세한 분석은 다음을 보라. Wayne A. Meeks, 'The Polyphonic Ethics of the Apostle Paul', *In Search of the Early Christians: Selected Essays* (New Haven, CT, and London: Yale University Press, 2002), 196~209.

사를 구사하는 사람들은 언제나 자신들 뜻대로 해도 좋다는 주장, 사회에서 "아무것도 아닌" 이들, "약한" 이들, 여성, 노예, 가난한 이들, 배우지 못한 이들이 그저 순종해야 한다는 주장은 더는 진리가 아니게 된다. 이를 강조하기 위해 바울은 회심 이후 자기 삶에 대해 이야기한다. 그에게 이후 삶은 하느님께서 자신이 십자가의 이야기에 부합하도록 만드시고, 부활의 소망으로 살게끔 이끌어 주신 것이다. 바울은 말한다.

> 내가 생각하기에, 하느님은 사도인 우리를 마침내 사형수처럼, 천사와 사람들의 세상에 연극의 구경거리로 공개적으로 내보이셨습니다. 우리는 그리스도를 위해 어리석지만, 여러분은 그리스도 안에서 지혜롭습니다. 우리는 약하지만, 여러분은 강합니다. 여러분은 영광스럽지만, 우리는 불명예스럽습니다. (1고린 4:9~10, 저자 번역)

바울은 이것이 단순히 가치관의 반전만을 말하는 것임이 아님을 분명히 한다. 고린토의 가정과 모임에서 지위나 명성이 없되 하느님의 영이 주신 황홀경의 능력만 있는 사람도 자신의 가짜 지식과 장황한 방언 능력으로 "교만해진" 죄가 있을 수 있다. 바울은 십자가 은유를 단순한 표어로 번역하기를 거부했으며, 대신, 제자들이 세상과 맺는 관계, 그리고 자신들끼리 맺는 모든 관계에 대한 기본 이야기에 공명resonance을 일으키는 방법을 도입했다. 그리하여 그는 은유가 된 사건이 끝없이 새로운 서사를 생성해 내는 중심이 되게 함과 동시에, 그러한 서사를 견제하고, 통제하게 했다.

바울의 말이 옳다면, 특정 시간과 상황에서 하느님께서 우리에게 요구하시는 일이 무엇인지를 알아내는 그리스도인의 임무는 결코 간단하지 않다. 다음 장에서는 모든 해답이 성서에 있으며, 우리가 알아야 할 모든 것을 "성서가 …을 분명히 가르치고 있다"는 주장을 비판적으로 검토할 것이다.

제5장

성서는 유리를 통해 어둡게 …을 가르친다

"성서는 …을 분명히 가르친다"라는 말을 들을 때마다, 나는 장로교 목사 안수 후보생 시절 초기에 겪었던 일을 떠올리게 된다. 당시 나는 앨라배마 대학교 3학년이었고, 순진한 신자들을 상대로 사역을 하면 안 되었지만, 당시 노회에 사역자가 부족하기도 했고, 교회와 나의 이해관계가 맞아떨어져 (교회는 너무 가난해서 정식 목사에게 사례비를 줄 형편이 되지 못했고, 나는 빈털터리였기 때문에 무슨 일이라도 해야 했다) 앨라배마주 노스포트 근처 작은 시골 교회인 베델 장로교회에서 사역을 하게 되었다. 결과적으로 그들은 장로교 질서에 대한 무시와 무지 때문에 나를 해고했지만, 서로의 기대가 충돌했음을 감안하면 예상하던 것보다는 늦은 해고였다. 교회를 그만둘 무렵 나는 그들을 사랑하게 되었고, 그들 중 적은 수의 사람들도 나를 사랑하게 되었다. 그 기간 우리는 서로에게 배웠다(사실 그들이 무엇을 배웠는지는 잘 모르겠다). 그들 덕분에 나는 성서가 신자들 사이에서 놀라운 권위를 갖고 있음을 알게 되었다.

어느 일요일, 예배가 시작되기 전 일찍 온 사람들이 수다를 떨고 있을 때, 교회의 주요 인사 중 한 분이 자신이 키우던 쿤하운드 품종의 개가 막 새끼를 낳았다고 말했다. 누군가 그에게 강아지를 얼마에 팔 거냐고 물었다. 그는 말했다. "오, 그럴 수 없습니다. 성경에 '너는 강아지에 가격을 매기지 말라'고 쓰여 있거든요." 갑자기 침묵이 흘렀고, 모든 사람이 대학교에서 온 전문가이자 설교자인 나를 쳐다보았다. 이내 그들은 나에게 완전히 실망했다. 나는 그런 구절이 있는지 모르며, 찾아봐야 한다고 말했기 때문이다.

예배를 마친 뒤 제임스 흠정역 성서를 찾아보았다. 정말 그런 구절이 있었다. 신명기 23장 18절이었다.

> 너는 창녀의 몸값과 개의 몸값은 어떤 서원하는 일로든 주 너의 하느님의 집에 가져오지 말라. 이 둘은 주 너의 하느님께 가증한 것이니라.

내 기억력이 좀 더 좋았거나 재치가 있었다면, 강아지 주인의 마음은 편안해졌을지도 모르겠다. 그는 교회에 헌금을 내겠다고 서약한 적이 없고, 강아지를 판 돈을 헌금함에 넣지 않는 한 주 하느님께서는 신경도 쓰지 않을 것이기 때문이다. 어쩌면 이 상황을 기회 삼아 본문을 문맥에 맞게 설교할 수 있었을지도 모른다. "창녀의 몸값"과 "개의 몸값"은 이 구절에서 무엇을 의미할까? 제임스 흠정역 이후에 번역된 성서들은 이를 좀 더 명확하게 설명한다. 이를테면 개정 표준판은 "창녀가 번 돈이나 남창이 번 돈은, 주 당신들의 하느님의 성전에 서원을 갚는 헌금으로 드릴 수 없다"고 번역, 혹은 의역했다. 새유대교역the new Jewish Study Bible에서는 직역을 유지하면서 같은 취지의 각주를 추가했다. 어쨌든, 나는 이 사건으로 베델 장로교회 회중의 신뢰를 잃었다. 어쩌면, 그들은 여전히 쿤하운드를 사고파는 일에 어려움을 느낄지도 모르겠다. 물론 그들은 이미 물물 교환 문제를 빠르게 해결했으리라 본다. 그들은 세상일에 관해서는 정말 창의적인 사고를 하기 때문이다.

문자주의의 문제

앞에서 든 예는 조금 우스꽝스럽지만, 실제로 있었던 일이며 성서의 '의미'meaning에 대한 논쟁 뒤에 있는 몇 가지 문제를 보여준다. 강아지 주인이 내게 가졌던 불만은, 오늘날 우리가 직면한 복잡한 문제에 대해 하느님이 손쉬운 해답을 제시한다고 자신감 있게 선포하는 많은 이의 주장과 그리 다르지 않다. 그들은 말한다. "성서는 ...을 분명히 가르친다." 빈칸에는 무엇이든 들어갈 수 있다. 그리고 많은 이가 이러한 주장을 (때로는 치명적으로) 진지하게 받아들인다.

여기에는 몇 가지 복잡한 문제가 있다. 우리가 밟아야 할 첫 번째 단계는 일단 얽히고설킨 부분들을 정리하는 것이다. 우선 "문자 그대로"란 무엇을 의미하느냐는 문제가 있다. 앞에서 언급한 강아지 주인이 성서를 너무 문자 그대로 읽는다고 비난하기는 쉽다. 어떤 면에서, 그 말은 분명 사실이다. 이때 "문자 그대로"란 어떤 말의 뜻을 알기 위해 사전을 뒤지면 나오는 첫 번째 정의를 받아들이는 것과 같다. 잘 모르는 국가에서 생산한 전자기기의 사용 설명서를 읽어 본 적이 있다면, 번역이 어떤 식으로 되어 있는지 알 것이다. 그리고 원어민은 그런 식으로 언어를 사용하지 않는다는 사실도 알 것이다. 일상에서 우리는 명시적인 의미와 온갖 은유 사이를 자유롭게 넘나들며 대화를 나눈다. 그래도 의사소통의 힘은 사라지지 않는다. 내가 강아지 주인에게 "하늘에서 비가 개떼처럼 쏟아지네요"라고 말했다 치자. 그렇다고 해서 그가 온갖 종류의 개가 정말 하늘에서 떨어지고 있는지 확인하기 위해 창가로 달려가지는 않을 것이다.

특정 언어를 유창하게 구사하는 이들로 이루어진 공동체 안에서는 이런 종류의 전환을 별 어려움 없이 이해한다. 우리의 일상 언어는 은유로 가득 차 있으며, 약간의 상식은 이를 이해하는 데 도움이 된다. 고린토인들에게 보낸 첫째 편지에서 사도 바울은 신명기를 인용하며 해당 원문의 문자 그대로의 의미를 유쾌하게 포기하고 전혀 다른 의미를 끌어내기 위해 상식에 호소한다.

> 모세의 율법에 기록하기를 "타작 일을 하는 소에게 망을 씌우지 말아라" 하였습니다. 하느님께서 소를 걱정하신 것입니까? (1고린 9:9, 저자 번역)

이를 앞의 일과 관련해 생각한다면, 같은 상황에 놓였을 때 우리는 상식을 발휘해 "하느님의 관심이 개의 몸값에 있는 걸까요?" 라고 물을 수 있을 것이다. 그런데 또 다른 문제가 있다. 역사 비평가가 바울의 이야기를 듣는다면 이렇게 말할지 모른다. "신명기 율법의 편집자는 하느님이 소와 소의 복지에 관심을 갖고 있다고 생각했습니다." 그리고 이어서 이렇게 말할지도 모르겠다. "그러면 우리 역시 소뿐만 아니라 고래와 개를 포함한 모든 생명체의 복지에 관심을 가져야겠지요." 어떨 때 우리는 "문자 그대로" 읽어야 하며, 어떨 때는 그렇게 하지 말아야 한다. 오히려 커다란 오해를 낳을 수 있기 때문이다. 그렇다면 적어도 두 가지 문제가 있다.

(1) "문자 그대로"가 정말 "문자 그대로"인 경우는 언제인가?
(2) "문자 그대로"가 무엇을 의미하든(혹은 의미했든), 거기서 "우

리도 그렇게 해야 한다"는 결론을 끌어낼 수 있는가?

'문자적'에서 '역사적'으로

신명기 23장 18절의 "문자적" 의미로 돌아가 보자. 이 구절에서 "개"는 꼬리를 흔드는 네 발 달린 개가 아니라 가나안의 다산 숭배 집단에서 활동했던 남성 매춘부를 뜻하는 속어다. 이를 어떻게 알 수 있을까? 해당 언어의 사용에 대한 역사 연구 덕분이다. 고대 이스라엘의 히브리어 원어민은 '메히르 켈레브'מְחִיר כֶּלֶב, 즉 "개의 몸값"이라는 말을 '에트난 조나'אֶתְנַן זוֹנָה, 즉 "매춘부의 가격"이라는 구문과 함께 듣고 "개"도 일종의 매춘부임을 즉시 이해했을 것이다. 우리가 "하늘에서 개떼처럼 내리는 비"라는 말을 듣고 온갖 개들이 하늘에서 떨어진다고 생각하지 않고, 폭우가 떨어진다고 이해하는 것과 같은 이치다. 이런 종류의 판단을 내리는 것이 현대 성서학이 하는 일이며 학계는 이 작업을 아주 잘 해내고 있다. 물론, 고대 근동어나 헬레니즘 그리스어를 공부한 이라면 누구나 알 수 있듯 이 과정은 매우 복잡하다. 그러나 작업의 근간을 이루는 생각은 매우 간단하다. 어떤 본문의 있는 그대로, 혹은 문자 그대로의 의미를 살피려면 그 본문이 쓰였을 당시 본문의 언어를 유능하게 다루었던 원어민에게 어떤 의미였는지를 살피면 된다는 것이다. 이 생각에 대해서는 나중에 다시 다루도록 하겠다. 우선은 이러한 생각이 얼마나 근대적인지를 살펴보자.

그리스도교 역사 중 대부분의 기간을 이루는 약 1,800년 동안 "문자 그대로의 의미"는 상당히 다른 의미를 지녔다. 본문의 문자적 의미는 '그리스도인의 경험과 그리스도교 이야기, 교회의 전례, 신경, 교리문답, 찬송가, 기풍으로 형성된 독자 혹은 청중'이 본문을 접했을 때 받아들이게 되는 의미였다. 이것이 있는 그대로의, 평이한, 문자 그대로의 의미였다. 본문에는 다른 의미도 있을 수 있는데, 특히 신학자와 설교자에게는 '영적'인 의미(우의적 의미, 도덕적 의미, 유비적 의미)가 훨씬 더 중요했다. 그러나 '문자적 의미'는 그리스도교 공동체와 그 전통을 따라 적절하게 사회화된 모든 사람을 위해 존재했다. 그러한 면에서 문자 그대로의 의미는 내부자의 의미였지만, 당사자인 내부자에게는 본문 자체에 있는 의미로 보였다. 오늘날 우리 눈에 이는 (선한 의도를 가졌다 할지라도) 일종의 기만처럼 보인다. 그러나 현대 의미론에 따르면 의미는 본문과 이를 활용하는 공동체 사이, 본문과 청중 사이 현장에 실제로 존재한다. 의미는 둘 사이의 거래를 통해 이루어지나 공동체와 청중이 이를 의식하지는 않는다. 어떤 면에서 이 거래가 무의식적으로 이루어지기 때문에 공동체와 청중에게 본문의 의미는 문자 그대로의 의미로 다가온다. 그래서 과거 사람들에게 본문은 곧 본문이 말하는 것이었다.

하지만, 한스 프라이가 지적했듯 18세기 초 본문과 모든 언어의 의미에 대한 이해 방식에 변화가 일어났다. 이러한 변화는 계몽주의가 이성의 힘을 고양시키고, 새롭게 등장한 경험 과학이 객관적인 관찰을 높이 평가하면서 일어난 것이다. 프라이에 따르면 그 결과 '의미'는 급격하게 단순화되었다.

> '사실'fact, '확률'probability, '검증'verification과 같은 개념은 모든 언어를 현실을 반영하는 거울, 혹은 외적인 것을 지각해 이루어진 지식의 보고서로 바꾸어 놓았다.[1]

'실제 의미'real meaning는 표면의 의미가 되었으며 본문은 자기 외부, 즉 '실제' 세계에 있는 무언가, 사물, 사실, 사건을 가리키는 무언가가 되었다. 프라이는 이런 의미 축소가 서사를 읽는 방식에 미친 부정적 영향을 한탄한다(그래서 그는 자신의 책 제목을 '성서 서사의 일식'Eclipse of Biblical Narrative이라고 붙였다).[2]

이제 어떤 이야기가 참이냐 아니냐라는 질문은 그 이야기가 서술한 사건이 실제 그런 방식으로 일어났느냐는 질문으로 바뀌었다. 큰 물고기가 요나를 삼켰다가 아무 일 없이 다시 뱉어 냈다는 이야기가 사실이 아니면, 이 이야기는 참이 아니다. 그리고 이야기 중 물고기 부분을 믿을 수 있는지 없는지는 이성과 관찰을 통해 해결해야 한다. 실제로 사람을 통째로 삼킬 수 있는 물고기를 본 사람이 있는가? 그런 물고기가 존재하고, 요나

---

1 Hans W. Frei, *Types of Christian Theology* (New Haven, CT, and London: Yale University Press, 1992), 139.

2 Hans W. Frei, *The Eclipse of Biblical Narrative*.

라는 사람을 삼켰다면, 그 사람이 물고기 배 속에 사흘 밤낮을 갇혀있었는데도 살아남을 수 있었다고 가정하는 것이 합리적일까? 합리적인 우주에서 창조주가 요나와 니느웨 사람들에게 교훈을 주기 위해 생물학과 물리학의 모든 법칙을 정지시켰다고 가정하는 것이 도덕적일까? 이러한 초점의 변화는 근대주의자와 이를 반대하는 이들에게 모두 똑같은 영향을 미쳤다. 근대주의자는 성서의 많은 부분을 살펴본 다음 (오페라 《포기와 베스》Porgy and Bess에 나오는 노래 가사처럼) "꼭 그렇지만은 않다"고 말한다. 그러면 근본주의자는 "반드시 그렇다"고 말한다. 이 새로운 인식론은 새로운 문자주의를 만들어 냈다. 사람들은 이에 찬성하거나 반대하지만, 사실은 양쪽 모두 동일한 언어 게임을 하고 있는 것이다.

계몽주의의 새로운 기운은 근대 역사학의 부상을 낳았고 이는 성서 해석에 커다란 영향을 미쳤다. 근대에 접어들면서 합리성, 보편성, 관점의 중립성, 객관적 검증이라는 새로운 물리 과학의 이상은 자연스럽게 역사학의 목표가 되었다. 성서의 많은 부분이 과거에 일어났다고 전해지는 일들에 대한 기록을 담고 있기 때문에 성서학자들은 역사가가 되어야 했다. 주석학의 기초가 되는 언어학 역시 역사학과 깊은 관련을 맺게 되었다. 시간이 지남에 따라 언어가 변화하기 때문이다. 이를테면 플라톤 시대에 쓰였던 어떤 단어는 4~500년 후 로마 동부 지방에서는 그 의미가 다를 수 있다. 그렇게 본문의 문자적 의미는 역사적 의미가 되었다. 문자적 의미가 역사적 의미가 될 때, 문자주의는 근본주의가 되며, 이에 대한 유일한 대안은 회의론이 된다. 이 과정에서 과거 '본문의 평이한 의미, 문자 그대로의 의미'는 사라진다.

전문가의 승리와 자멸해 버린 성서의 명료함

근대 역사주의의 승리는 전문가의 승리기도 하다. 본문의 평범한 의미가 역사적 의미가 될 때, 베델 장로교회의 강아지 주인 같은 이들과 그들이 따르려 하는 본문 사이에는 두 가지 정도의 분리가 생긴다. 첫째, 그들은 본문이 쓰일 당시와는 매우 먼 현재를 살고 있다. 그리고 이 거리는 그들이 상상하는 것보다 훨씬 더 멀다. 본문이 당시 의미했던 바는 본문이 현재 의미하는 바와 같지 않다(실제로는 그렇지 않은 경우가 더 많다). 둘째, 일반 독자들에게는 문헌학자들과 고대 사회를 연구하는 역사가들에게 있는 기술이 없다. 그렇기에 그들은 본문의 역사적 의미를 아는 데 필요한 전문 지식과 분리되어 있다.

이 이중의 분리에는 매우 슬픈 아이러니가 있다. 앞서 언급한 강아지 주인은 의심할 여지 없이 신실한 장로교 신자였기에, 모든 사람이 스스로 성서를 읽고, 본문의 평이한 의미대로 살려 노력해야 한다고 배웠다. 성서는 그 자체로 분명하다는 확신은 개신교 종교개혁에 뿌리를 둔 전통이 발전하는 데 매우 중요한 역할을 했다. '성서의 명료함'claritas scripturae이라는 교리는 루터가 교황권 및 루터를 반대하는 교회의 모든 지배층에 맞서 손에 쥔 가장 강력한 무기였다. 성서 자체가 모호해 보인다면, 루터를 따라 많은 순진한 독자가 그렇게 믿었다면, 순진한 독자들이 각자의 손에 성서를 들고 있게 해서는 안 된다고, 교회의 안전한 해석 전통에 기반을 두고 교회에서 그 진리를 가르칠 수 있는 권한과 정당성을 부여받은 이들이 성서의 진리를 증류하고 여과시켜 사람들에게 전해야 한다고 생각했을 것이다. 그러나 성서의 본질적인 진리가 그 자체로 분명하다면, 누구든 루터처럼 말할 수 있다고 생각할 것이다.

> 나는 교황과 공의회의 권위를 받아들이지 않습니다. 그것들은 서로 모순되기 때문입니다. 나의 양심은 하느님의 말씀에 사로잡혀 있습니다.[3]

신앙과 삶의 규칙으로 '오직 성서'sola scriptura를 받아들이려면 성서의 명료함에 대한 교리도 받아들여야 한다. 바로 이 때문에 루터는 자신이 흠모하던 에라스무스가 성서에 불명확한 부분이 많다고 주장하자 그의 정교한 회의론을 비난했을 뿐만 아니라 그가 교황권을 지지한다며 분노의 욕설을 퍼부었다. 성서에 이해하기 어려운 부분이 있다면(루터도 이를 분명히 알고 있었겠지만) 그

---

[3] Roland H. Bainton, *Here I Stand: A Life of Martin Luther* (New York: New American Library, Mentor, 1950), 144. 『마르틴 루터』(생명의말씀사).

잘못은 성서에 있는 것이 아니라고 그는 말했다. 루터에 따르면, 이는 마귀의 계략과 우리 자신의 죄 때문이었다.[4] 칼뱅도 루터와 생각을 같이했다. 그는 인간이 지닌 앎의 능력은 죄로 인해 타락했기 때문에 성령의 도움 없이는 바르게 알 수 없다고 말했다.

그러나 종교개혁자들이 금방 알아차렸듯 이 교리에는 위험성이 있었다. 루터와 칼뱅은 성령을 받아 성서에서 온갖 신기한 내용을 찾아냈다고 주장하며 설교를 통해 온갖 무질서를 양산하는 무분별한 동시대 예언자들을 불편해했다. 성서의 명료함은 꽤 까다로운 문제였고, 이에 대한 사람들의 생각도 각양각색이었다. 최근 학자들의 연구에 따르면 성서의 명료함 교리는 처음부터 논쟁적인 교리였으며 상황에 따라 적용되는 경우가 많았다.[5]

한쪽에는 전통의 상식에 의해 규정되는 성서의 평이한 의미가 있고, 다른 한쪽에는 성령이 자기 마음에 말씀하시며, 자신은 이를 따른다는 해석자 개인의 사실상 자유로운 해석이 있다. 둘

---

4 마르틴 루터의 「의지의 속박에 관하여」On the Bondage of the Will와 에라스무스의 「의지의 자유에 관하여」On the Freedom of the Will는 다음 책에 수록되어 있다. E.Gordon Rupp and Philip S.Watson(ed. and trans.), *Luther and Erasmus: Free Will and Salvation* (Philadelphia: Westminster Press, 1969)에 번역되어 있다. 『루터와 에라스무스』(두란노아카데미). 성서의 명료함에 대한 루터의 대답은 해당 책 158~69쪽에 있다. 또한, 다음을 참조하라. James Patrick Callahan, 'Claritas Scripturae: The Role of Perspicuity in Protestant Hermeneutics', *Journal of the Evangelical Theological Society*, 39, no. 3 (1996), 354.

5 James Patrick Callahan, *The Clarity of Scripture: History, Theology, and Contemporary Literary Studies* (Downers Grove, IL: InterVarsity Press, 2001). 그리고 앞에서 언급한 그의 논문을 참조하라.

사이에는 긴장이 있으며, 이러한 긴장이 오늘날까지 해석의 미래를 결정했다. 이러한 긴장은 한편으로는 학계의 발전을 따라, 다른 한편으로는 대중문화의 발전을 따라 확대되고 변화되었다.

학문 영역에서 성서 해석은 꾸준히 전문화되고 있다. 겉으로 보기에는 어떤 문제도 없다. 종교개혁자들은 학자였고, 어떤 면에서는 르네상스 인문주의에 기반을 둔 학문이 종교개혁을 가능케 했다고 주장할 수도 있다.[6] 종교개혁의 주류 계승자들은 언제나 학문을 장려했으며, 이들은 미국에 많은 훌륭한 종합대학university과 여러 대학college을 설립하는 데 중요한 역할을 했다. '오직 성서'와 '성서의 명료함'이라는 교리에 기대어 500년간 성서를 일반 언어로 번역하는 엄청난 일이 이어져 내려왔으며 커다란 성공을 거두었다. 종교개혁자들은 성서가 모호해진 주요 원인이 죄라고 생각했지만, 아무리 순수한 성도라도 히브리어를 모른다면 '메히르 켈레브'의 뜻을 이해할 수 없다는 점은 알고 있었다.

그러나 1장에서 살펴보았듯, 오늘날 우리가 알고 있는 독특한 형태의 전문 학문은 계몽주의와 근대 과학의 새로운 이상에 깊은 영향을 받았다. 성서학의 경우 자신의 작업을 엄정한 역사학의 하위 분야로 재정의했으며, 결과적으로 어떤 역사가도 자

---

[6] 이 주제의 고전으로는 다음을 들 수 있다. E.Harris Harbison, *The Christian Scholar in the Age of the Reformation* (Philadelphia: Porcupine Press, 1980).

기의 일을 효과적으로 해낼 수 없다는 방법론적 회의론이 뒤따랐다. 이제 우리는 의심의 해석학을 공기처럼 숨 쉬며 살아간다. 또한, 과거를 과거로 이해해야 한다는 생각, (과거에 어떤 일이 있어야 했다고, 혹은 이렇게 말했어야 했다고 생각하는 것과 무관하게) 과거가 스스로 말하게끔 하자는 결단이 우리를 감싸고 있다. 그 결과, 역사학이 "실제로 어떤 일이 일어났는지"를 알아내는 데 전념할 때, 역사가들은 과거의 이야기를 현재의 일들을 위해 사용하는 지속적인 관행과 거의 필연적으로 충돌하게 되었다. 근대적인 역사가로서 성공할수록 그는 과거와 현재의 차이를 더 잘 인식하게 되며 모든 이에게 그때와 지금 사이의 간극을 더 잘 보여주게 된다.

또한, 우리 사회의 다른 부분과 마찬가지로 대학에서도 전문화professionalization란 곧 세분화specialization를 의미했다. 1810년 베를린 대학교가 설립되었을 때, 이 대학교는 계몽주의 원리를 당대 사회에 효율적으로 적용하는 곳이 되려 했고, 실제로 그렇게 되었다. 또한, 이 대학교는 프로이센 관료주의의 최고 모형이기도 했다.[7] 학문을 여러 학과, 또는 학문 분야로 세분화해 조직하는 것은 현대의 대학교와 사회의 원리이자 기준이 되었다. 카이사르가 효과적으로 활용했던 '분할과 정복'divide and conquer은 무언가를 학습할 때도 효과적이며, 우리 모두가 잘 알고 있듯 관료제를

---

7 다음에는 프라이의 흥미로운 논평이 실려있다. Hans W.Frei, 'The Case of Berlin, 1810', *Types of Christian Theology*, 95~116.

강화하는 데도 효과적이다. 전문화는 집중력과 통제력을 향상시킨다. 전문화는 학자들이 분명하게 정해진 업무를 꾸준히 집중하며 노력을 기울일 수 있게 해 주지만, 동시에 그들이 귀 기울여야 하는 사람들, 그 업무의 성과를 받아들여야 하는 사람들과 그들을 분리시킨다.

이 거대한 분열의 반대편에 있는 대중문화에서도 전문가들과 평신도들 사이의 자유로운 교류를 방해하는 현상들이 나타나고 있다. 첫째, 현대 세계의 특징인 철저한 개인주의와 주관주의는 앞서 이야기했듯 학문적 앎의 방식에 영향을 미쳤으며, 대중의 정신에도 깊이 뿌리내렸다. 복음주의 학자 제임스 캘러한James Callahan은 말한다.

> 19세기 미국에서 명확함perspicuity은 모두가 종교 안에서는 평등하다는 확신의 표현이었다.[8]

성서는 모두의 책이 되었고, 대중은 전문가를 의심하기 시작했다. 이는 위에서 언급한 전문화와 구획화compartmentalization에 대해 건강한 해독제가 될 수 있지만, 실제로는 성서 해석에서 무정부 상태에 가까운 결과를 초래했다.

서부 개척 시대에 일어난 미국 종교의 두 가지 특징, 경건주

---

[8] James Patrick Callahan, 'Claritas Scripturae: The Role of Perspicuity in Protestant Hermeneutics', 367.

의와 반지성주의는 이 무정부주의 경향을 강화했다. 경건주의자들은 성서의 모호함이라는 문제를 '두뇌'가 아닌 '마음'을 강조하는 방식으로 해결했다. 그들은 학습이 아닌 열정, 생각이 아닌 격정이 모든 것을 분명하게 해 준다고 여겼다. 마음을 강조하는 종교가 꼭 정신, 혹은 지성을 강조하는 종교와 대립할 필요는 없다. 하지만 적어도 미국에서 마음을 강조하는 종교는 반지성주의와 손쉽게 동맹을 맺었다. 19세기 서부 개척이 진행되며 장로교에서 일어난 논쟁은 그 대표적인 예다.[9] 처음에 이 논쟁은 신학교를 나온 일정한 자격을 갖춘 후보자가 나오기를 기다리는 동안, 신대륙의 정착민들은 신앙 지도를 받지 못할지 모른다는 실용적인 우려에서 출발했다. 하지만 점차 고학력 설교자는 그저 값비싼 사치품이며, 그들의 설교는 실제 사람들의 삶과 동떨어져 있을 가능성이 높다는 견해가 힘을 얻기 시작했다. 이러한 입장에 있는 이들은 삶을 모르는 사람들이 성서에 대해 뭘 알겠느냐고, 우리에게 필요한 이는 책으로 배운, 머리에 지식만 가득한 설교자가 아니라 뱃속에 성령의 불을 품고 거듭난 설교자라고 이야기했다. 그렇게 미국에 교육의 중요성을 각인시키고, 선구적인 교육 기관들을 설립한 개신교 전통은 동시에 미국 전역에 반지성주의를 퍼뜨리는 데도 기여했다.

---

[9] 이 과정을 살펴보기 위해서는 다음을 참조하라. Sydney Ahlstrom, *A Religious History of the American People* (New Haven, CT: Yale University Press, 1972), 429~54. 『미국 기독교사』(복 있는 사람).

한편, 대학과 기타 교육 기관들은 자신들의 두 뿌리라고 할 수 있는 개신교와 계몽주의 사이에 강한 긴장이 있음을 발견하기 시작했다. 개신교 종교개혁가들이 신자들의 영혼을 해방시키기 위해 가톨릭 교회의 위계질서와 맞섰듯, 계몽주의 영향권 아래 있는 학자들은 학자들의 정신을 해방시키기 위해 개신교 학문 기관에 맞섰다. 그 결과 많은 교회에서 반지성주의가 만연하게 되었다면, 많은 대학에서는 지적 반反종교주의가 만연하게 되었다. 성서학자는 이 사이에 끼어 있다. 이러한 가운데 대학 밖에 있는 신자에게 전문적인 성서학자가 점점 더 세속학자처럼, 더 나아가 반反그리스도교인처럼 보이는 건 이상한 일이 아니다. 모든 것을 명확하게 밝히는 것을 목표로 삼는 역사 연구가 성공을 거두면 거둘수록 성서는 점점 더 모호해지기 때문이다. 과거는 우리 세계에서 멀어지고 있다. 우리는 고대 이스라엘 사람들과 초기 그리스도인들이 경험한 세계가 우리가 경험하고 있는 세계와는 얼마나 다른지를 알아간다. 성서학자의 방법론적 회의론은 불신앙과 구별하기 어렵고, (당연히) 후자로 이어질 수 있다. 그러나 현실을 보면, 대학에서 성서학자는 다른 학과 동료 학자들로부터 완전히 고립되어 있다. 다른 학과에 속한 학자들은 성서학이라는 학문 자체를 미신 시대의 유물로 간주하기 때문이다.

그래서 오늘날 미국 사회는 대중 매체에서 종교에 대한 대중 담론을 기괴하게 만드는 특이한 정신분열증을 겪고 있다. 한쪽 끝에는 휴거를 다룬 소설 『남겨진 사람들』Left Behind을 세계에서 가장 많이 팔리는 책으로 만든 자칭 복음주의자들이 있다. 이 성서주의자들은 19세기 초에 등장한 이단 존 넬슨 다비John Nelson Darby와 그의 추종자들이 내세운 세대주의dispensationalism에 뿌리를 둔, 독특한 전천년주의적premillennialist 나르시시즘을 받아들인다.[10] 성서학자들을 불신하는 많은 신자가 이 기이하고 복잡한 판타지 이야기를 문자 그대로의 성서 이야기로 신봉한다. 더 기괴한 현상은 신보수주의neoconservative 전략가들이 이러한 신념을 악용하는 것이다(물론 오늘날의 정치 환경을 감안하면 충분히 이해할 수 있다). 이들은 말세에 대한 세대주의 예언에 담긴, 회복된 국가로서의 이스라엘이 수행하는 다소 이상한 역할을 활용해 자신들이 펼치는 중동 지역에 대한 제국주의적이고 철저하게 세속적인 정책들에 그리스도교인들의 지지를 얻으려 한다.

이 정 반대편에는, 19세기 근대주의적 역사비평의 다양한 대중판들이 있다. 온갖 대중 매체들이 새로운 고고학의 발견이 이루어질 때, 혹은 어떤 사본이 발견될 때 마침내 예수가 누구인지, 초기 그리스도교에서 실제로 무슨 일이 일어났는지를 이해할 수 있는 만능열쇠가 발견된 것처럼 홍보하는 현상은 그 대표적인 예다. 발견에 놀라운 단서가 있고, 제도권 교회가 어두운

---

10 팀 라하이에Tim LaHaye와 제리 B. 젠킨스Jerry B. Jenkins의 소설, 그들의 문화, 정치, 그리고 선행자들에 대한 상세한 분석을 위해서는 다음 책을 보라. Glenn W. Shuck, *Marks of the Beast: The Left Behind Novels and the Struggle for Evangelical Identity* (New York: New York University Press, 2005).

음모를 꾸며 진실을 숨겼을 가능성이 더해진다면 금상첨화이며, 이를 드라마나 영화로 만들어 수많은 돈을 쓸어 담는다. 이런 신화를 믿는, 하지만 자기자신이 '지적인 평신도'라고 확신하는 이들을 이용하는 가장 대표적인 움직임으로는 예수 세미나를 들 수 있다.[11] 물론 이제 예수 세미나는 근대 역사주의를 대중에게 전파하려는 이들 중에서도 가장 무책임한 집단임이 드러났다. 적어도 이 단체의 홍보 담당자들은 19세기 후반 역사비평의 사명, 즉 제도 종교의 억압적인 교리로부터 개별 독자를 해방시키려는 사명을 되살리려 애쓴 것처럼 보인다. 달리 말해 그들의 목표는 문자 그대로의 의미를 역사적 의미로 복원하는 것이었다. 하지만 앞서 살펴보았듯, 너무 많은 경우 이는 새로운 증거나 특정 가설을 만능열쇠로 삼아 역사를 재구성하는 것을 의미했다. 수많은 사람이 이러한 전철을 밟았다. 이러한 상황 가운데 댄 브라운Dan Brown이 소설가 특유의 자유분방한 상상력을 발휘해 아무런 근거도 없지만, 그럴싸하며 유쾌한 판타지 『다빈치 코드』Da Vinci Code를 펴냈을 때, 수백만 독자가 이 책이 실제 비밀을 밝힌

---

11 예수 세미나에 대한 설명과 간략한 연혁은 예수 세미나의 웹 사이트(http://www.westarinstitute.org/Jesus_Seminar/jesus_seminar.html)에서 확인할 수 있다. 이 세미나는 1985년, 미국의 여러 대학교에서 가르쳤고 전미 성서학회Society of Biblical Literature의 사무총장을 역임한 신약학자인 로버트 W. 펑크Robert W. Funk가 설립했다. 예수 세미나 및 이와 관련된 연구들에 대한 명확하고 신랄한 비판은 다음을 보라. Luke Timothy Johnson, *The Real Jesus: The Misguided Quest for the Historical Jesus and the Truth of the Traditional Gospels* (San Francisco: HarperSanFrancisco, 1996). 『누가 예수를 부인하는가』(CLC).

다고 믿었다는 것은 그리 놀랍지 않다.

성서의 명료함이라는 교리를 믿어온 역사, (순수한 독자든, 숙련된 독자든, 경건한 독자든) 성서의 의미를 분명하게 알 수 있다고 믿어온 역사는 사실상 그 교리를 갉아먹는 역사처럼 보인다. 한때 존재했던 문자 그대로의 의미, 권위 있는 전통을 따라 본문에서 발견하던 상식은 이제 사라지고, 독자가 신뢰하는 특정 해석자의 변덕에 따라 해독되어야 하는 혼란스러운 퍼즐이 그 자리를 차지했다. 에페소인들에게 보낸 편지에서 경고한 상황이 일어나고 있는 것이다. 우리는 마치 어린아이처럼 "인간의 속임수나, 간교한 술수에 빠져서, 온갖 교훈의 풍조에 흔들리거나, 이리저리 밀려다니"(에페 4:14)고 있다. 바울의 제자가 제시한 해결책은 성장하는 것이다. 그러한 면에서 교리 역사에서 다양한 논쟁의 대상이 된 성서의 명료함 교리는 우리의 성장을 가로막는다. "성서는 이것, 저것, 그리고 다른 것을 분명히 가르친다"는 말로 표현되는 유치한 자만심을 이제는 버려야 한다.

평이한 의미를 구하려는 노력

최근 몇 년 동안 어떤 이들은 성서의 명료함 교리와 함께 본문의 평이한, 혹은 문자적 의미를 구하려 노력했다. 앞에서 언급한 복음주의 학자 제임스 캘러한은 이 교리가 특정 문맥 안에서만 의미가 있음을 보여주기 위해 애쓰고 있다. 이때 문맥은 개신교 해석학 전통이며, 성서의 명료함 교리는 개신교 공동체 내에서 본문이 어떻게 작동하는지를 설명하는 데 그 의의가 있다. 성서에서 분명한 것은 어떤 사실이나 관점, 교리가 아니라 인류 구원에 반드시 필요한 하나의 중심 이야기라고 그는 말한다.[12]

이는 분명 올바른 방향이다. 캘러한은 자신의 논의를 전개함에 있어 한스 프라이와 (캘러한이 말한 의미에서의 복음주의자라고 볼 수는 없는) 그의 제자 중 몇몇이 개진한 논의의 상당 부분을 채택하고 있다. 캐스린 태너Kathryn Tanner*의 표현을 빌리면 성서의 '문자적 의미'는 "그리스도교 공동체의 자기 설명 중 일부"라고 처음 제안했던 인물은 프라이였다. 프라이에 따르면 명료함은 본문 자체의 속성이 아니라 "해석 전통의 산물"이다. 태너는 해석에 대한 이러한 사고방식이 겉으로 보기에는 매우 보수적이지만, 실제로는 지속적인 자기-비판의 가능성을 품고 있다고 말한다.

평이한 의미에 대한 규정을 스스로 비판하는 전통은 … 평이한

12 위의 각주 4와 5를 보라.

* 캐스린 태너(1957~)는 미국의 신학자다. 예일 대학교에서 학사, 석사, 박사 학위를 받았으며 시카고 대학교 신학대학원 교수를 거쳐 2010년부터 현재까지 예일 대학교 신학대학원 조직신학 교수로 활동 중이다. 사회 이론, 문화 이론, 페미니즘 이론 등을 통해 그리스도교 사상사를 현대의 신학적 문제와 연결하는 데 관심을 가지고 연구 활동 중이며 다양한 신학 학술지의 편집 위원, 미국 신학회장, 미국 성공회 신학위원회 위원을 역임했다. 주요 저서로 『하느님과 그리스도교 신학에서의 창조』God and Creation in Christian Theology, 『하느님의 정치』The Politics of God, 『예수, 인간성과 삼위일체』Jesus, Humanity and the Trinity 등이 있으며 한국에는 『기독교와 새로운 자본주의 정신』(IVP)이 소개된 바 있다.

의미가 구성하는 관습들의 망이 그 개념을 되돌리고 다시 기능을 복잡하게 만들 때 발생한다.

이때 두 가지(권위 있는 성서의 범위를 규정함으로써 성서가 지속적으로 재해석되어야 함을 의미하는 정경canon이라는 실천practice, 그리고 "이러한 본문의 평이한 의미를 '서사'라는 지시문으로 분류하는 실천")가 중요하다. 평이한 의미를 '서사'로 분류한 것은 일종의 전환이고 한스 프라이의 공헌이지만, 그는 이를 (언젠가 데이비드 켈시David Kelsey가 한 말에 따르면) 성서 전체를 최초의 '허구가 아닌 소설'nonfiction novel로 간주한 칼 바르트에게 배웠다고 말했다. 태너는 이러한 전환이 베델교회의 강아지 주인으로 대표되는 성서 해석의 문제로부터 성서를 구할 수 있다고 본다. 평이한 의미, 문자 그대로의 의미의 핵심이 특정 종교 행위나 행동 양식, 규칙이나 규정, 혹은 신학 개념을 가르치는 데 있다고 본다면 사람들은 평이한 의미를 시대를 초월하며 변치 않는 것으로 볼 것이다. 그러나 서사를 전하는 데 있다고 본다면 이야기는 달라진다. 서사는 본성상 '적용'과는 일정한 거리가 있기 때문이다. 공동체가 서사를 자신들이 처한 상황과 연결하려면 다양한 요소를 필요로 한다.

성서 본문에 호소하는 그리스도교의 관습은 구조상 불확실하다. 그렇기에 교회에서는 언제나 그리스도인의 성품을 형성하

는 것을 자신의 과제로 설정한다.[13]

이러한 관점이 무르익기 위해서는 수년 전 데이비드 켈시가 지적한 중요한 지점을 함께 고려해야 한다. 그에 따르면, 신학에서 성서를 사용하는 방식은 독자가 성서를 해석하는 방식, 즉 성서를 본질적으로 무엇으로 여기는지에 따라 달라진다.[14] 앞선 이야기에서 강아지 주인은 암묵적으로 성서를 거대하고 복잡한 규정집으로 해석했다. 성서에서 개 값을 들고 주님의 집에 들어가지 말라고 했다면, 정말 개 값을 받아 주님의 집에는 들어가지 않아야 한다고 해석한 것이다. 그러나 그조차 자신이 파악한 문자 그대로의 의미에 온전히 충실했다고 말할 수는 없다. 단지 그는 "서원하는 일"이 구체적으로 무엇인지 알지 못했기에 강아지를 팔지 않았을 뿐이다. 이렇듯 성서를 규정집으로 받아들이는 모든 독자는 필연적으로 선택적일 수밖에 없다. 이를테면 강아지 판매를 해서는 안 된다는 이야기와 같은 논리로 누군가 햄버거에 치즈를 올리면 안 된다고 말한다면, 강아지 주인이나 베델 장로교회의 사람들은 받아들이지 못할 것이다(정통 유대교인들은 누구나 이를 받아들인다는 점을 기억해야 한다). 성서가 규정집으로 작

---

[13] Kathryn E. Tanner, 'Theology and the Plain Sense', *Scriptural Authority and Narrative Interpretation* (Philadelphia: Fortress Press, 1987), 59~78, 인용문은 60, 72~74에서 가져왔다.

[14] David H. Kelsey, *The Uses of Scripture in Recent Theology* (Philadelphia: Fortress, 1975).

동하려면 미슈나, 탈무드, 랍비들의 응답 등 개신교에서는 찾기 어려운 또 다른 책들을 필요로 한다. 성서를 특정 의무와 신념을 담고 있는 보고treasury로 보아도 마찬가지다. 결혼에 대해 성서는 어떻게 가르치고 있는가? 내가 알기로는 없다. 성서는 동성애 homosexuality에 관해 어떻게 가르치는가? '동성애'는 성서 저자를 포함해 고대인들은 전혀 알지 못했던, 성에 대한 현대의 특이한 발명품이기 때문에, 평이한 의미의 성서는 가르치는 바가 전혀 없다.[15]

내가 이렇게 이야기하면, 성서를 규정집으로 봐야 한다고 생각하는 이들은 성서 본문의 장르를 고려할 때 많은 부분이 규정처럼 보인다는 점을 지적할 것이다. 물론 성서에는 속담과 수수께끼, 온갖 지혜로운 말들, 우화와 단편 소설, 시와 찬송가, 전례와 기도문, 편지들, 편지 형식을 띤 소책자, 분류하기 어려운 글까지 다양한 장르의 글들이 있다. 달리 말해, 성서의 평이한 의미를 서사로 해석하려면 많은 부분을 생략해야 한다. 물론, 우리는 다음과 같은 의미에서 성서를 서사로 받아들여야 한다는 프라이의 제안을 이해할 수 있다. (실제로 교회가 오랫동안 다양한 방식으로 해왔듯) 성서 전체에서 일종의 핵심 서사를 구성하는 것은 가능하며, 그 서사를 시금석으로 만들어 이 시금석을 통해 삶의

[15] 오늘날 성서가 분명한 도덕적 가르침을 제공한다고 생각하는 이들의 관심을 끌 것으로 보이는 이 질문들에 대해서는 다음을 참조하라. Wayne A. Meeks, 'Biblical Perspectives: Homosexuality', *Christian Networks Journal*, Summer 2004, 46~48.

모든 부분에 대한 우리의 해석을 다양한 방식으로, 그리고 끊임없이 진화하는 방식으로 검증해 보는 것이다.[16] 조지 린드벡은 이를 두고 교회가 '본문 내재성'intratextuality을 지니고 있다고 말한 바 있다.[17] 물론, 이런 해석은 종파적 교회론sectarian ecclesiology을 수반할 위험이 있다.[18] 그런 면에서는 오늘날 세계가 좋은 점도 있다. 오랜 기간 그리스도교의 승리주의triumphalism(이 승리주의는 인류가 발명해 낸 다양한 형태의 제국주의를 승인했다)는 우리가 그리스도교의 핵심 서사를 사용하는 것을 암묵적으로 통제해 왔으니 말이다. 하지만 그럼에도 불구하고 우리의 해석학이 교파적 한계를 지니고 있음을 받아들이고 이에 만족한다면, 현재 모든 대중 매체를 지배하고 있는 근본주의와 세상 물정 모르는 반反종교주의 사이에 있는 영역, 두 극단 사이에 있는 광장을 포기하게 될 것이다.

나는 이제 '성서의 명료함'이라는 관념을 포기하고, 어떤 문제에 관해서든 성서가 분명한 무언가를 가르친다고 말하는 것을 그만두어야 한다고 생각한다. 그리고 성서에서 진정 무언가

---

16 나는 이와 비슷한 주장을 나의 다른 책에서 한 바 있다. Wayne A. Meeks, *The Origins of Christian Morality: The First Two Centuries* (New Haven, CT, and London: Yale University Press, 1993), 189~210.

17 George A. Lindbeck, *The Nature of Doctrine: Religion and Theology in a Post-Liberal Age* (Philadelphia: Westminster Press, 1984), 113~24. 『교리의 본성』(도서출판 100).

18 린드벡도 이를 인정하지만, 의도적으로 "열린 종파"라는 모순어법의 표현을 쓴다. George A. Lindbeck, 'The Sectarian Future of the Church', *The God Experience* (Westminster, MD: Newman, 1971), 226~43.

를 배우려면 다른 무엇보다도 모호함에 익숙해지는 법을 익혀야 한다고, 우리가 모르는 것이 있음을 인정하는 규율에 기꺼이 복종해야 한다고 생각한다. 이러한 맥락에서 옥스퍼드 대학교의 레기우스 신학 교수인 모리스 와일스Maurice Wiles*의 "급진적인" 제안은 매력적이다. 그는 성서를 (존 바턴John Barton의 표현을 빌리면) "법적 구속력을 지닌 권위"로 보는 생각을 포기하는 대신 성서의 권위를 좀 더 적절하게 묘사하는 표현으로 "필수 불가결한 자료"indispensable resource를 택했다. 이렇게 하면 "교회가 성서 기록에서 발견되는 이야기의 다양한 성격을 좀 더 쉽게 받아들일 수 있"으며, 그 다양성 중 일부를 만들어낸 교회 내 갈등 및 논쟁 역시 긍정적인 차원에서 받아들일 수 있다. 와일스는 말한다.

> 이를 더 온전히 받아들이면, 우리는 미래에도 교회에는 다양성과 갈등이 계속 있을 수밖에 없음을, 단순히 안타까운 일, 혹은 사람들이 타락했다는 증거가 아니라 선하든 악하든 현실의 특징으로 받아들일 수 있을 것이다. 우리가 살아야 할 진리가 과거에만 있는, 권위를 통해 일방적으로 받는 것이 아니라, 오

---

* 모리스 와일스(1923~2005)는 영국의 성공회 사제이자 신학자다. 케임브리지 크라이스트 칼리지와 리들리 홀을 거쳐 사제 서품을 받았다. 이후 런던 킹스 칼리지를 거쳐 1970년부터 1991년까지 옥스퍼드 대학교 신학 흠정 교수를 지냈다. 교부학 분야에 커다란 업적을 남겼으며 근대 이후 그리스도교 신앙의 의미에 관해서도 다양한 저술을 남겼다. 주요 저서로 『그리스도교 교리의 형성』Making of Christian Doctrine, 『신앙과 하느님의 신비』Faith and Mystery of God 등이 있다.

늘날에도 계속 발견해야 하는 것이라면 그러한 발견의 과정에는 오류와 갈등을 포함하는 실험을 수반할 수밖에 없기 때문이다.[19]

모호함과 함께 살아가기

이제 "성서는 ...을 분명히 가르친다"는 말을 들으면 경계하자. 물론 우리는 손쉽게 성서를 대리인으로, 선생으로 곧잘 의인화하곤 한다. 바울도 이와 비슷해 보이는 일을 한 적이 있다.

> 믿음에 기초해서 얻는 의는 이렇게 말합니다. (로마 10:6)

그러나 바울이 이렇게 이야기했을 때, 그는 해당 본문에 문맥상, 문법상의 일반적인 의미와는 완전히 다른 의미를 부여했다는 사실을 기억해야 한다. 오늘날 상황에서 "우리가 특정 공동체의 전통 아래에 서 있으면 성서로부터 ...을 배울 수 있다"고 말하거나 혹은 "성서를 이렇게 저렇게 해석하면 이러한 생각들을 발견할 수 있다"라고 말하는 대신 "성서는 …을 분명히 가르친다" 라고 말하면, 이는 사실상 성서를 자신들이 하는 주장의 대리인으로 삼는 것이며, 실제로 자신들이 주장하는 권위의 위치를 감

---

[19] Maurice Wiles, 'Scriptural Authority and Theological Construction: The Limitations of Narrative Interpretation', *Scriptural Authority and Narrative Interpretation* (Philadelphia: Fortress Press, 1987), 42~58, 인용문은 51~52에서 가져왔다.

추는 것이다.

모호함을 고백하는 것이 더 낫다. 분명 이렇게 모호한 이유 중 일부는 (루터와 칼뱅이 말했듯) 우리 모두가 죄인이기 때문이다. 그러나 또 다른 이유는 "우리가 부분적으로만 알고 부분적으로만 예언하지만, 온전한 것이 오면 부분적인 것이 끝날 것"(1고린 13:9)이기 때문이기도 하다. 한스 프라이는 말했다.

> 성서를 올바르게 해석한다는 관념 자체는 무의미하지 않다. 다만, 종말론적이다.[20]

그는 아마도 내가 방금 인용한 구절 몇 구절 뒤에서 바울이 한 말을 염두에 두고 있었을 것이다. "지금은 우리는 유리를 통해 어둡게 봅니다." 혹은, 현대어로 번역하면 다음과 같다.

> 우리가 지금은 거울에 비친 어리둥절한 모습을 보지만, 그때에는 얼굴을 마주 보게 될 것입니다. 아직 나는 부분만 알고 있지만, 그때에는 하나님께서 나를 아신 것처럼 온전히 알게 될 것입니다. (1고린 13:12, 저자 번역)

여기에 바울은 무엇보다도 변치 않는 것은 사랑이라고 덧붙인

[20] Hans W.Frei, *Types of Christian Theology*, 56, 그리고 같은 책 90을 참조하라.

다. 모든 해석학적 수수께끼 속에서 기억할 만한 가치가 있는 말이다.

이 장을 마무리하며 어떤 이들은 이 모든 이야기가 이 책의 표면상 주제인 예수와 어떤 관련이 있느냐고 물을지도 모르겠다. 답을 하자면, 신약성서의 저자들은 예수를 히브리 성서의 성취로 찬미한다. 그러나 예수 이야기를 이루는 사건들을 성서의 성취로 보기 위해서는, 성서의 문자적 의미를 어떻게 이해하든 그 이상을 생각해야 한다는 것이다. 3장에서 살펴보았듯 예수를 처음 따랐던 이들이 방대한 해석을 시도한 이유가 바로 여기에 있다. 그리고 4장에서 살펴보았듯 사도 바울은 이를 누구보다 잘 알고 있었다. 그에게 성서 본문의 분명한 의미를 포기한다는 것은 마치 자신이 죽고 새 사람이 다시 사는 것과 같은 일이었다. 그렇기에 바울은 중요한 앎이 마지막에 이르러서야 온다는 것, 우리가 현재를 살아가기 위해 고군분투하며 얻는 앎은 거울에 비친 우리의 흐릿한 모습처럼 수수께끼라는 점을 알고 있었다.

성서학자이자 도미니코 수도회의 전 총장이었던 티모시 래드클리프Timothy Radcliffe는 이 말에 내포된 의미를 명확하게 이해했다. 그는 성서 본문을 연구하면서 배운 점에 대해 이렇게 말했다.*

---

* 티모시 래드클리프(1945~)는 영국 출신의 로마 가톨릭 사제이자 도미니코회 수도사다. 옥스퍼드 대학교 세인트 존스 칼리지에서 공부했으

> 거창한 이론의 도움으로 성서 본문에 들어간다 해도 그 의미를 온전히 파악할 수는 없다. 공부를 통해 우리는 이 접근법을 시도하고, 또 다른 접근법을 시도하며 본문의 의미에 몰래 다가간다. 그렇게 조금씩 이해의 길로 우리는 나아가게 된다.

또한, 래드클리프는 대학에서 가르치고 연구하는 이들은 블레이크William Blake처럼 기도해야 한다고 말한다.

> 하느님, 우리를
> 단일한 시각과
> 뉴턴의 잠에서 지켜주소서.[21]

같은 맥락에서 그는 대학이 "단일한 시각이라는 제국주의에 맞서는 저항의 장소"가, 좀 더 적극적인 차원에서는 "낯선 이들과

며 1965년 도미니코회에 입회한 뒤 1971년 사제 서품을 받았다. 1988년 영국 도미니코회 관구장으로 선출되었고, 1992년 영국인으로는 최초로 도미니코회 총장으로 선출되어 2001년까지 활동했다 2015년 프란치스코 교황에 의해 교황청 정의평화평의회 자문위원으로 임명되었으며, 현재는 사회 정의와 인권 증진을 위해 설립된 옥스퍼드 대학교 산하 라스 카사스 연구소 소장으로 재직 중이다. 주요 저서로 『새로운 노래를 부르자』Sing a New Song, 『왜 교회에 가는가?』Why Go to Church?, 『그리스도인이 되는 것의 핵심은 무엇인가?』What Is the Point of Being A Christian? 등이 있으며 한국에는 『예수님의 마지막 일곱 말씀』(가톨릭출판사)이 소개된 바 있다.

[21] William Blake, From a letter to Thomas Butts, November 22, 1802, 'Verses…Composed…while Walking from Felpham to Lavant', lines 87~88.

대화하는 법을 익히는 곳"이 되어야 한다고 말한다.[22] 이제 마지막으로 21세기 낯선 이들과 예수에 대해 이야기하는 것이 무엇을 의미하는지 살펴볼 차례다.

---

22 Timothy Radcliffe, OP, *Talking to Strangers*, Woodward Lecture, Yale University, October 8, 1996 (n.p.: Privately printed, 1996).

제6장

예수가 마지막 말씀인가?

이쯤 되면, 이 책이 예수의 정체성에 관한 질문에 접근하는 방식이 교회에서 가장 소중히 여기는, 그리고 오래된 신념 중 하나와 상충한다는 것을 알 수 있을 것이다. 바로 예수 안에서, 예수를 통해 나타난 계시가 최종적이고 완전하며, 그는 인류가 희망하는, 하느님과 인류의 관계 및 참된 삶에 대한 마지막 말씀이자 충분한 말씀이라는 확신이다. 많은 신자가 좌우명으로 삼는 히브리인들에게 보낸 편지의 한 구절은 이 신념을 압축적으로 보여준다.

> 예수 그리스도께서는 어제나 오늘이나 영원히 한결같은 분이십니다. (히브 13:8)

이런 주장은 영원한 실재와 그림자 같은 존재를 대립시켰던, 히브리인들에게 보낸 편지가 쓰인 시절 인기 있던 플라톤주의에 기인한 것일 수도 있지만, 성서에 명백히 나와 있고, 분명한 내용을 담고 있다. 이 구절에 담긴 생각은 예수의 정체성을 포함한 모든 인간의 정체성이 사회적 교류를 통해 형성된다고 보는, 2장에서 제시한 정체성 이해 모형과는 정면으로 부딪친다.

이 표어는 또한, 한스 프라이와 그의 제자들이 주장한 후기자유주의 해석학처럼 서사, 이야기에 중심을 둔 그리스도교 계시 이해를 불가능하게 만든다. 나는 이 해석학에 약간의 의구심이 있지만, 부분적으로 이를 채택했다. 진실로 한 인물이 어제도, 오늘도, 그리고 영원히 똑같다면, 그에 관한 이야기는 꽤나 지루할 것이다. 그런 이야기에는 줄거리가 없을 테니 말이다. 그리고 사실 줄거리가 없는 이야기는 단순히 지루한 게 아니라, 이야기라고 할 수도 없다. 여기서 주목할 만한 점은 정작 히브리인들에게 보낸 편지는 서사에 상당히 의존하고 있다는 것이다. 이 본문은 상상력이 풍부한 방식으로 3장에서 언급한 해석 과정을 구현하고 있다. 두 번째 세대 그리스도인들의 식어가는 신앙의 열정을 되살리기 위해, 이 본문의 저자는 공간으로는 하늘과 땅을 배경으로 하고, 시간으로는 창조의 역사와 운명 전체를 아우르는, 숨 막힐 정도로 방대한 방식으로 예수 이야기를 다시 들려준다. 그러므로 우리는 유사 플라톤주의 정서에 담긴 저자의 뜨거운 열정을 헤아려 볼 수 있다. 그리고 그보다는 예수와 제자들 사이의 지속적인 상호작용을 통해 예수가 누구인지 서서히 드러남을 보여주는 그의 서술 방식에 더 주목해야 한다.

교회는 언제나 정적인 교리 체계에 예수에 대한 가르침을 완전히 고정시키고 싶은 욕망과 피조 세계와 하느님의 약속에 관한 역동적인 이야기가 하느님의 놀라운 미래에 대해 여전히 열려있다는 것을 받아들이려는 열망 사이에서 갈등했다. 지금쯤이면 내가 후자의 편에 서 있다는 점이 분명해졌을 것이다. 그러나 이야기의 개방성을 강조하면 몇 가지 위험이 있다. 우리 중 몇몇은 20세기 초 근대주의자들에게 매우 인기 있었던 '점진적 계시'progressive revelation라는 교리가 어떤 끔찍한 결과를 초래했는지를 기억할 것이다. 불과 75년 전, 독일의 많은 '진보' 그리스도교인들은 하느님이 진행하고 계신 계획을 아돌프 히틀러가 드러냈다고 믿었다. 이 새로운 복음에 굳건히 맞선 소수의 용기 있는 그리스도교인들은 사이비 진보주의에 대항하는 보루로 상당히 '보수적인' 신조를 채택했기 때문에 '고백 교회'가 되었다. 그리스도의 이름으로 선포되는 모든 새로움이 언제나 하느님의 역동적인 사랑과 일치하지는 않는다. 하느님 이야기에 대한 개방성은 현대 산업 사회의 진보주의와는 전혀 다르다.

이제 우리는 두 부분으로 이루어진 질문을 던져야 한다. 첫째, 예수는 마지막 말씀인가? 즉, 2장에서 설명한 제자들과의 상호작용과 3장, 4장에서 설명한 해석 과정을 통해 드러난 예수의 정체성이 하느님이 피조물과 나누는 상호작용의 궁극적인 형태인가? 둘째, 예수에 대한 마지막 말씀이 이미 이루어졌는가?

두 질문 중 후자에 대한 내 대답은 단호하게 "아니오"다. 전자의 경우는 답하기 까다로운데, 이 장에서 그 이유를 설명해 보려 한다.

먼저 질문을 좀 더 적절하게 표현할 수 있는 법을 찾아보자. 다시 한번, 여기서 한스 프라이의 말을 인용하고 싶다. 그는 그리스도교인들에게는 예수의 이야기가 모든 것을 능가한다고 주장했다. 그 자리를 대신할 수 있는 이야기는 존재하지 않고, 앞으로도 없을 것이다. 누군가 다른 이야기가 우리 삶을 비추어 주는 핵심 이야기가 될 수 있다고 믿는다면, 그는 더는 그리스도교인이 아니란 뜻이다. 그리스도교인에게 예수의 이야기는 다른 모든 이야기를 능가한다.[1] 그러나 우리는 프라이가 성서에 대해 올바른 해석이 있다면 그것은 종말론적일 수밖에 없다고 말했음을 기억해야 한다.[2] 그는 예수가 누구였고, 지금 누구이며, 앞으로 어떤 분일지에 대한 우리의 이해에 대해서도 똑같이 말할 것이다. 그러나 만일 우리의 현재 세계가 계속되고, 또 어떻게 될지 확실히 알지 못한다면, 그때도 예수의 이야기가 다른 모든 이

---

[1] 프라이는 "대체 불가능한"unsubstitutable이라는 표현을 선호하는 경향이 있다. 예를 들어 그는 "복음 이야기는 예수라는 대체 불가능한 개인과 현존하시는 하느님이 온전히 하나를 이루는 데서 절정을 이룬다"라고 말한다. Hans W. Frei, *The Identity of Jesus Christ: The Hermeneutical Bases of Dogmatic Theology* (Philadelphia: Fortress Press, 1975), 154. "모든 것을 능가하는 성격"unsurpassability에 대해서는 다음을 보라. George Lindbeck, *Nature of Doctrine*, 47~52.

[2] 이 책 200쪽과 그 쪽의 각주 20번을 보라.

야기를 능가한다고 말할 수 있을까?

낯선 사람에게 말 거는 법을 배우기

앞서 언급했듯 티모시 래드클리프는 "낯선 사람과 대화하는 법"을 배움으로써 단일한 시각이라는 제국주의에 저항하는 것이 대학에 다니는 이들의 주요 임무 중 하나이며, 나아가 우리 모두, 특히 그리스도교인들에게 바람직한 소명이라고 말했다.[3] 나는 내 생애에서 "단일한 시각이라는 제국주의"의 위협이 지금보다 더 위험했던 때는 없었다고 생각한다. 동시에, 인류 역사상 낯선 이와 대화하고 경청하는 법을 익히는 것이 지금보다 중요한 순간도 없었다고 생각한다. 지난 세기, 인류는 낯선 이를 죽이는 기술을 습득했다. 또한, 우리는 낯선 이를 조심스럽게 대하기보다는 그를 죽이는 것이 더 쉽다는 심리 법칙도 완전히 익혔다. 이러한 조합이 파괴와 증오만을 만들어 낸다는 점은 고통스러울 정도로 명백하다. 낯선 이를 비인간화함으로써 유지되는 안보, 유도 미사일이라는 값비싼 기술이든 자살 폭탄이라는 값싼 기술이든 살인 기술로 유지되는 안보는 안보라 할 수 없다. 이대로 진행되면 사태는 결코 종결되지 않으며, 평화가 찾아올 수도 없다. 이러한 상황에서 낯선 이와 대화하는 법을 익히는 일은 단순히 좋은 일이 아니라 우리 모두의 생존이 달린 일이다.

---

[3] 위의 201~2쪽을 보라.

그리스도교인에게는 낯선 이와 대화해야 할 의무가 있으며 실제로 그렇게 해왔다. 하지만 그 역사는 꽤 복잡하며, 매우 다양하고, 강력한 효과를 냈다. 그중에는 상당히 문제가 되는 부작용도 있었다. 이 주제는 너무나 방대해 이 책에서는 아주 간략하게만 살펴보겠지만, 깊은 관심을 기울일 필요가 있다. 오늘날 세계에서 종교는 사람들 간의 거리를 벌리고, 또 좁히는 (그것이 근본적인 원인이든 아니든) 주된 방법이라는 건 누구나 알 수 있다. 그리스도교인의 경우 티모시 신부가 낯선 이들과 대화하는 법을 익혀야 한다고 했을 때, 낯선 이들은 비그리스도교인 전체를 의미한다. 우리가 대화하고 경청하는 법을 익혀야 하는 낯선 이들 중에는 예수에 대한 우리 이야기와는 전혀 다른 이야기를 삶의 핵심 이야기로 삼은 타종교인들, 모든 종교, 초월에 관한 모든 이야기에 적대적이거나 회의적인 태도를 보이는 무수한 이들이 있다.

예수를 처음 따랐던 이들부터 우리 시대에 이르기까지, 그리스도교인들은 낯선 사람들과 대화함에 있어 특별한 열정과 놀라운 독창성을 보였다. 고됨, 고난의 인내, 비우호적인 기후, 이질적인 관습, 여행의 위험, 모든 적대감에 맞선 용기를 생각해 보라. 다른 언어뿐 아니라 다른 철학, 다른 사고방식, 다른 문화에 대한 끝없는 번역 작업에 투신하는 지적 성실과 분투를 생각해 보라. 그리스도교 선교의 역사는 모험과 용기로 가득 찬 다양한 이야기들로 구성되어 있고, 이러한 이야기의 많은 부분은 실로 경이롭다. 그럼에도 불구하고 우리 세기에 그러한 역사를 이어 가는 것은 커다란 문제가 된다.

그리스도교인들이 낯선 이들과 대화한 이유는 무엇이었을까? 전통적인 대답은 개종을 위해서였다. 물론 많은 선교사는 선교 활동의 목적을 개종으로 삼지 않았고, 그 성취 여부를 성공의 척도로 삼지도 않았다. 그러나 선교의 주된 원동력은 언제나 개종이었으며, 개종이란 가능한 한 '그들'을 '우리처럼' 만들려는 것이라는 많은 사람의 인상을 반박하기란 어렵다. 그리스도교 이후 시대를 살아가는 많은 사람이 정교하지 않고 예의에 어긋난다고 생각하는 개종 프로그램에 불편함을 느끼는 건 단지 그 때문만은 아니다. 개종 프로그램에는 더 큰 문제가 있다.

첫 번째 문제는 실용적인 차원의 문제다. "우리 세대에 온 세계를 개종"(이는 20세기 초 학생 자원봉사 운동의 표어였다. 지금 보기에는 믿을 수 없을 정도로 순진한 생각이었지만 말이다)하는 일은 일어나지 않을 것이다. 이런 일이 일어나지 않는 이유 중 하나는 전 세계 무수한 사람이 그리스도교 선교는 때로는 노골적으로, 때로는 은밀하게, 때로는 무의식적으로 서국 제국주의 첨병 역할을 반복해서 수행해 왔다고 확신하기 때문이다. 과거 그리스도교 선교는 식민주의와 너무 자주 연결되었고 오늘날에는 새로운 세계화가 낳는 문화 파괴와 구분되기 어려움을 부정하기 힘들다. 이에 우리가 양심의 가책을 느끼는 건 결코 이상한 일이 아니다.

그리고 예수라는 이름의 깃발이 가리고 있는 죄는 옛 시대의 제국주의, 그리고 새로운 형태의 제국주의뿐만이 아니다. 인류가 도덕적으로 가증한 일들을 벌이는 데 얼마나 많이 성서가 쓰였는지를 생각해 보라. 십자군 전쟁, 고문, 잔인하고 비정상적인 처벌들, 노예제, 여성에 대한 억압, 민족주의적 전쟁, 과학 탐구에 대한 억압, 모든 모습의 반유대주의, 인종차별, 모든 종류의 편견, 다른 집단에 대한 두려움과 혐오까지. 겉으로 보기에는 선량해 보이는 이들, 자신은 그리스도교인이라고 분명하게 말하고 실제로도 그리스도교인인 사람은 자신들이 예수의 이름으로 행동한다고 확신했고, 성서의 분명한 가르침이라고 확신하며 이런 일들을 저질렀다. 이러한 사실을 감안하면, 설령 세상 사람 모두가 그리스도교인이 된다 할지라도 세상이 더 나은 곳이 되리라고 장담하기는 힘들다.

하느님께서 진정으로 우리에게 바라시는 것이 세상 모든 사람을 '우리'처럼 만드는 것이라고 상상하는 것은 실수였다. 개종 운동이 그리스도교 역사에서 강력한 힘을 발휘해 왔고, 지속적으로 많은 선한 일을 해왔음을 인정한다 해도, 그것이 성서와 그리스도교 해석 전통을 읽는 유일한 방법은 아니다. 또한, 우리 시대에 가장 좋은 방법도 아니다. 이 책 전반에 걸쳐 나는 예수의 정체성은 여전히 열려있으며, 그 정체성이 형성되는 상호작용 또한 여전히 진행 중이라고 이야기했다. 우리는 여전히 예수가 누구인지에 대해, 창조주와 피조물에 관한 이야기, 하느님의 말씀(로고스)에 대해 배우고 있다. 우리는 거울을 통해 희미하게 볼 뿐이고, 부분적으로만 알고 부분적으로만 예언하기 때문에 저 로고스의 마지막 장을 쓸 수 없다. 물론 우리는 저 이야기가 완성되면, 그 이야기에 바울이 '로고스 투 스타우로'λόγος ὁ τοῦ σταυροῦ라고 명명한 결정적인 전환점, 즉 십자가의 이야기와 비유, 논리가 포함될 것이라고 믿지만, 그것이 전체 이야기에 어떻게 들어맞는지는 아직 밝혀지지 않았다. 우리라는 울타리 안에 속하지 않은 하느님의 다른 양들, 그리스도교 무리에 속하지 않은 이들, 서구 세계에 속하지 않은 이들, 이 유신론적 무리에 속하지 않은 낯선 이들의 말을 듣고 그들과 이야기하는 법을 익힐 때만 이를 알게 될 것이다.

레싱의 순진한 인문주의로 돌아가자는 이야기가 아니다(레싱 이후 사람들이 흘린 피를 생각하면, 그가 제시한 인문주의는 그리 나빠 보이지 않고, 그의 반지 우화 역시 여전히 영향을 미치고 있지만 말이다).[4] 흔히 종교다원주의자들이 말하는 것과 달리 산을 오르는 모든 길은 동일하지 않으며, 그 길들이 자동으로 동일한 실재로 연결되지도 않는다. 다양한 종교 전통의 특색은 모두에게 동일한 진리를 감싸고 있는, 그래서 언젠가는 벗겨내야 할 껍데기가 아니다. 실재는 그에 대한 앎과 불가분하게 엮여있다. 하느님은 모든 신앙의 최소 공통분모가 아니고, 인류가 가진 신화 중 최고의 신

[4] 레싱의 1779년 희곡, 『현자 나탄』Nathan der Weise은 종교적 관용에 대한 고전적인 호소문이다. 이 희곡에서 그는 특히 유대인과 그리스도교인, 무슬림 사이의 관용을 호소한다. Gotthold Ephraim Lessing, *Nathan the Wise* (London: Nick Hern, 2003). 『현자 나탄』(지만지).

화들을 합친 것도 아니며, 모든 겉모습의 밑바닥, 혹은 모든 존재 너머에 있는 본질도 아니다. 종교 간 대화, 종교 전통과 비종교 전통 간 대화, 우리가 이 세기에 살아남기 위해 절실히 추구해야 할 이 대화가 이루어지기 위해서는 단호하고도 정직하게 서로의 차이를 인정해야 하며, 이를 숨기지 않음과 동시에 자신의 전통이 모든 전통을 능가한다는 믿음을 포기하지 않은 채 서로의 이야기에 귀 기울이며 앞으로 나아가야겠다는 결단이 필요하다. 우리 시대의 그리스도교인들(또한, 현재 진행 중인 해석 공동체의 신실한 신자들)은 그 무엇으로도 대체할 수 없다고 여겨온 자신들의 고유한 삶의 차원에 충실함과 동시에 이 작은 지구에서 피할 수 없는 이웃이 된 다른 전통과 삶의 세계에서도 하느님께서 우리에게 가르치시는 바가 있음을 받아들이고, 이를 발견하기 위해 마음과 상상력을 열어야 한다. 놀랍게도 이와 관련해서는 사도 바울이 우리에게 도움을 준다.

예수의 통치가 모든 것을 능가한다

한스 프라이가 그 무엇도 예수 이야기를 "대체할 수 없다"고 했을 때 바울은 이에 동의할 것처럼 보인다. 바울은 "이 세상의 형체는 사라진다"(1고린 7:31)고 믿었고, 때가 찼으며, 자신이 살아있을 때 예수가 영광스럽게 다시 올 것이라고 생각했기 때문에, 당연히 예수를 마지막 말씀으로 믿었겠다고 생각할 수 있다. 어떤 면에서는 그렇기에, 그가 죽은 자의 부활에 대한 믿음의 증거, 그리스도의 '파루시아'*παρουσία*, 즉 왕의 강림을 이렇게 설명하고 마친 건 꽤 놀라운 일이다.

> 그리고 종말이 올 때, 그리스도께서 그 왕국을 아버지 하느님께 넘겨주실 때, 하느님은 모든 통치와 권위, 권력을 폐지하실 것입니다. 그분은 "(하느님)께서 모든 적을 그의 발아래 두실 때까지" 통치해야 하기 때문입니다. 마지막 원수인 죽음은 "하느님께서 만물을 당신의 발 아래 종속시키셨기" 때문에 폐지되었습니다. 이제 성경이 "만물"이 종속된다고 말할 때, 분명 "만물"을 그에게 종속시키는 분은 배제됩니다. 그리고 하느님이 만물을 그에게 종속시킬 때, 그때는 아들 자신도 만물을 자신에게 종속시키신 분에게 종속하게 될 것입니다. 하느님이 만물 안에서 만물이 되시기 위함입니다. (1고린 15:24~28, 저자 번역)

이 단락에서 바울은 적어도 예수 이야기의 한 부분, 즉 모든 권세에 대한 그의 최종적인 승리, 그의 영광스러운 통치를 능가하는 것이 있다고, 하느님의 시간 안에서도 그렇다고 이야기하는 것 같다. 그러한 면에서 대다수 주석서가 이 구절에 대해 거의 언급하지 않는 것은 놀랍다. 고대 그리스도론 논쟁에서 '종속론'subordinationism이 이단이 되었고, 만물이 태초로 돌아간다는 오리게네스의 이야기도 이단이 되었다는 사실을 감안하면 그리 놀라운 일이 아닐 수도 있지만 말이다. 이유가 무엇이든, 고대 주석서들은 바울이 이 두 가지 이단적 개념을 의도하지는 않았다는 점을 설명하기 위해 이 구절을 언급하며, 대다수 현대 주석가들은 바울이 어떤 종말론적인 시간 흐름이나 (우리가 특별히 주목할 필요가 없는) 다른 것들을 무의식적으로 따르고 있었다고 말할 뿐 거의 아무 말도 하지 않는다.

그러나 몇 년 전 마거릿 미첼이 지적했듯, 요한 크리소스토무스John Chrysostom는 진지하게, 고린토 가정 교회를 분열시키고 있던 파벌주의와 지위를 의식한 야망에 맞서는 바울의 전략적인 수사로 이 구절을 받아들였다.[5] 크리소스토무스는 모든 원수가 그의 발 앞에 놓여 있을 때, 아들은 자신을 낳으신 분에게 반항하기는커녕 자신의 일치, 즉 '호모노이아'를 보여주기 위해 고통스러워한다고 말했다. 그의 말이 옳다. 바울은 그리스도의 왕권이 하느님께 궁극적으로 복종하는 모습을, 일치를 위해 자신의 힘과 이익을 희생하는 최고의 본보기로 묘사한다. 바울은 자신의 이야기를 전할 때, 특히 9장뿐만 아니라 이 편지 전체에서 이런 수사를 다양한 방식으로 쓴다. 다시 한번, 우리는 자신이 세운 공동체에 도덕 형성을 촉구하는 바울의 모습에서 그가 예수 이야기와 사도들의 이야기에 대해 유비적analogical 사고를 하고 있음을 발견할 수 있다. 바울은 신자들이 당시 세계에 만연한 권력과 명예를 위한 경쟁이 아니라 십자가의 말씀(로고스)에 계

---

[5] Margaret Mary Mitchell, *Paul and the Rhetoric of Reconciliation*, 289 n. 580.

시된 하느님의 역설적인 능력에 기대어 삶을 형성할 것을, 그렇게 그리스도를 본받는 자가 될 것을 촉구했다. 또한, 3장에서 이야기했듯 그는 히브리 성서 본문을 창조적으로 재해석함으로써(심지어는 다시 씀으로써) 예수의 겸손한 낮춤이라는 놀라운 이야기에 도달했는데, 그 구체적인 부분에 대해서는 4장에서 살펴본 바 있다. 바울은 전통으로 받아들인 성서 본문(이 경우에는 70인역 시편 109편 1절과 8편 7절의 '쌍둥이' 본문)과 자신의 경험을 바탕으로 재구성한 예수 이야기, 그리고 당시 가정 교회가 처한 재난과도 같은 상황 사이에 긴장을 설정한다. 그는 이러한 긴장 가운데 상호작용이 일어나게 함으로써 이 장대한 이야기가 어떻게 정점에 도달해야 하는지를 인식했다.[6]

바울의 종말론적 해석학

우리는 바울이 아니며, 현재 상황에서는 바울을 모방하는 것의 한계를 진지하게 의식해야 한다. 그럼에도 불구하고 자신이 처한 독특한 상황에서 그가 취한 해석 전략에서 우리는 여전히 많은 것을 배울 수 있다. 바울은 말했다.

---

[6] 나는 다음 책에서 이 문제를 두고 자세히 논의한 바 있다. Wayne A. Meeks, 'The Temporary Reign of the Son: 1 Cor 15:23-28', *Texts and Contexts: Biblical Texts in Their Textual and Situational Contexts: Essays in Honor of Lars Hartman* (Oslo, Copenhagen, Stockholm, and Boston: Scandinavian University Press, 1995), 801~11.

> 어머니의 태에서 (그를) 구별하신 하느님이 (그) 안에서 하느님의 아들을 드러내기로 하셨습니다. (갈라 1:15, 저자 번역)

이 계시는 그의 삶을 뒤집어 놓았다. 4장에서 살펴보았듯 바울은 이를 매우 극단적인 언어로 표현한다. 하느님께서 행하신 그 새로운 일은 바울의 옛 삶을 죽였다.

> 나는 율법에 대하여 죽었으니, 이는 내가 하느님에 대하여 살기 위함입니다. (갈라 2:19)

십자가에 못 박힌 메시아라는 부조리와 함께 십자가에 못 박힌 바울은 그때까지 자기 삶의 전부였던 율법에 대해 죽었다고 갈라디아 교인들에게 말한다. 그는 하느님의 백성을 구성하는 언약된 삶의 형태라고 하느님께서 친히 선언하신 순종의 구조 전체에 대하여 자신이 죽었다고 확신했다. 갈라디아 사람들에게 편지를 쓸 때, 바울은 이 새로운 개종자들이 과거 세계의 "천하고 유치한 교훈"(갈라 4:9)에 "종노릇" 할 준비가 되어 있다고 보았다. 따라서 그는 부러 옛것과 새것을, 즉 토라의 규칙을 지킴으로써 하느님께 인정받으려 노력하는 세상과 하느님 아들의 신실하심으로 이루어진 새 피조물에 속한 자유를 대비시켰다. 이 편지의 독자라면 바울이 그리스도는 토라에, 신앙은 율법에, 그리스도교는 "유대교"에 맞선다고 손쉽게 생각할 수 있다. 물론 다른 곳에서 그는 토라가 하느님의 약속에 어긋난다는 생각을 단호하게 부정하지만(갈라 3:21 참조), 편지 전체에 흐르는 주장과 그 격렬함에 비추어 보면, 이 말은 일종의 면책 조항처럼 보인다.

이처럼 성서와 이스라엘 전통을 근본적으로 새롭게 해석하는 데는 잘 드러나지 않는 문제가 있다. '하느님은 자기 마음을 바꾸시는가? 하느님은 어떨 때는 하느님의 백성이 되려면 모든 남자는 할례를 받아야 하고, 토라에서 추론할 수 있는 모든 규칙을 지켜야 하며, 십자가에 못 박힌 사람은 저주받은 것이라고 말씀하셨다가, 다른 때는 자신의 아들 메시아가 십자가에 못 박혔고, 이 십자가에 못 박힌 메시아에게 이끌리는 이방인들은 할례를 받지 않아도 하느님의 백성이 될 수 있다고 말씀하시는가?'

갈라디아에 온 새로운 사도들과 논쟁하며 바울은 자신의 주장이 얼마나 급진적인지를 강조하지만, (당연히) 이 주장에 담긴 근본적인 문제는 드러내지 않는다. 그러나 그가 로마에 있는, 자신이 세운 교회가 아닌 다른 교회에 편지를 쓸 무렵에는 이 문제에 커다란 관심을 기울였다. 이는 단순히 양심의 문제가 아니었다. 바울 자신의 일생에 비추어 보면 해결되지 않은 문제도 아니었다. 이를 두고 해석자들이 바울이 왜 일관성이 없는지 궁금해하는 건 그리 이상한 게 아니다. 하지만 바울이 이 문제에 관심을 기울인 건 이 문제가 하느님에 관한 질문이기 때문이다. 문제는 바울의 일관성이 아니라 하느님의 일관성이다. 하느님께서 그리스도를 통해, 그리스도 안에서 하신 행동이 바울이 말했듯 그토록 급진적이라면 (폴 마이어Paul Meyer의 표현을 빌리면) "아브라함부터 시작된, 인간이 기대고 믿을 수 있는 하느님의 신실하심은 어떻게 되는가"?[7] 달리 말하면, 예측할 수 없는 하느님을 어떻게 신뢰할 수 있는가? 로마인들에게 보낸 편지에서 바울은 하느님이 예측할 수 없기 때문에 그분을 신뢰할 수 있다고 대답한다. 우리가 하느님을 신뢰할 수 있는 이유는 그분의 창조 의도가 우리가 이해하기에는 너무 광대하고, 일관성이라는 우리의 사소한 개념을 넘어 경이롭기 때문이다. 우리가 하느님을 신뢰할 수 있는 이유는 그분이 우리가 두려움으로 인해 배제하는 이들을 환대하시고, 우리의 관점으로 하느님의 적, 혹은 우리의 적이라고 여기는 이들을 포용하시기 때문이다. 바울은 위의 질문들에 대답하지 않음으로써 대답한다. 대신 그는 그 자체로 놀라움으로 가득한 이야기를 구성한다. 이 이야기에서 이방인들은 이스라엘의 하느님이 자신들에게 기쁜 소식을 가져다주었기 때문에 놀란다. 불의한 자들은 하느님이 자신들을 의롭다고 선언하신다는 사실에 놀란다. 의인들은 하느님이 불의한 자들을 환대하신다는 사실에 놀란다. 하느님의 원수들은 그분께서 자신들을 사면하신다는 사실에 놀란다. 하느님의 백성은 예측할 수 없고, 자신들의 눈에 흉하기 그지없는 이들에게까지 확장되는 하느님의 사랑에

---

[7] Paul W. Meyer, 'Romans', *The HarperCollins Bible Commentary* (San Francisco: Harper, 2000), 1060.

자신들이 저항하고 있음을, 하느님의 백성을 자처하는 자신들이 바로 하느님의 원수임을 알게 되어 놀란다. 유대인들은 메시아가 십자가 못 박혔다는 터무니없는 이야기에 놀라고, 이방인들이 이제 하느님의 백성이 되었다는 생각에 경악을 금치 못한다. 이방인들은 바울이 여전히 유대인을 하느님의 백성으로 여기며 하느님이 그들을 이스라엘로 부르셨다는 것, 그렇게 그들을 선택하신 것은 취소될 수 없다고, 이는 다른 모든 것을 능가하는 것이라 생각한다는 사실에 놀란다.[8]

이 편지에서 바울이 구사하는 수사는 그가 들려주는 놀라운 이야기와 일치한다. 독자들은 바울이 소개하고 강조하는 반전과 역설에 매번 놀라게 되기 때문이다. 특히 바울이 성서를 터무니없게 해석하는 방법들도 놀라움을 자아낸다. 그는 익숙한 구절의 평이한 의미를 단순히 뒤집지 않는다. 바울은 히브리 성서를 조금이라도 아는 사람이라면 누구나 자신이 무엇을 하고 있는지 알 수 있게끔 성서를 해석한다. 리처드 헤이스Richard Hays가 명쾌하게 설명했듯 바울은 본문의 평이한 의미에 자신의 참신한 해석을 얹는다. 마치 현악기의 두 줄을 잡아당겼을 때 때로는 기묘한 화음이 나오듯, 그는 본문과 해석의 불일치를 통해 새로운

[8] 나는 이 주제를 다음의 글에서 훨씬 더 자세하게 다루었다. Wayne A. Meeks, 'On Trusting an Unpredictable God: A Hermeneutical Meditation on Romans 9-11', *In Search of the Early Christians*, 210~29.

음색이, 새로운 노래가 울려 퍼지게 한다.[9] 그러한 면에서 로마 인들에게 보낸 편지는 독자에게 할 일을 많이 주는 본문이다. 이 본문은 로마에 있는 회중 중 유대인과 이방인, 그리고 다른 지방에 있는 바울의 회중이 처한 당혹스러운 상황, 손쉬운 해결책이 없는 변칙적인 상황에 독자를 데려다 놓는다. 바울의 후계자들이 주로 택한 길은 '옛것은 버리고 새것을 취하자'였다. 한때 유대인들이 하느님의 백성이었다면, 이제는 그리스도인들이 하느님의 백성이다. 그리스도인들은 '구원사'Heilsgeschichte, 즉 하느님의 구원사를 살고 있고, 유대인들은 '재앙의 역사'Unheilsgeschichte, 즉 하느님의 저주의 역사를 살고 있다. 초기 그리스도교 문헌뿐 아니라 그리스도교 역사 중 대부분의 시기 동안 교회는 유대인과 그리스도교인의 관계라는 문제에서 이 해법을 명시적으로, 때로는 암묵적으로 택했다. 그러나 바울은 그 어느 것도 허용하지 않았다. 그는 해결책을 제시하지 않았다. 오직 하느님만이 이 문제를 해결하실 수 있으며, 마지막까지는 그렇게 하지 않으실 것이다. 그리고 그때가 되면 "하느님께서 모든 사람을 불순종에 가두신 것은 그들에게 자비를 베푸시려는 것"(로마 11:32, 저자 번역)임이 드러날 것이라고 바울은 말했다. 그가 내세운 주장의 정점에는 해결책이 아니라 짤막한 찬가가 있다.

---

9 Richard B. Hays, *Echoes of Scripture in the Letters of Paul*, 34~83.

오, 하느님의 부유하심은 어찌 그리 크십니까?
그분의 지혜와 지식은 어찌 그리 깊으십니까?
그분의 판단은 얼마나 헤아릴 수 없고,
그분의 길은 얼마나 불가사의합니까?
"누가 주님의 마음을 알았으며
누가 그분의 조언자가 되었습니까?"
"누가 그분에게 선물을 주고
그 대가로 선물을 받았습니까?"
그분에게서, 그분을 통해, 그분에게로 만물이 나옵니다.
그분에게 영원히 영광이 있기를 빕니다. 아멘. (로마 11:33~36)

이는 회피가 아니다. 이는 하느님의 역설적인 이야기를 바울이 자신의 수사를 통해 표현한 것이다. 이 이야기는 언제나 진리를 수수께끼처럼 비추는 깨지기 쉽고 왜곡된 거울 너머를 가리킨다. 그렇기에 바울의 수사는 (흔히 말하듯) "한낱 수사"가 아니다. 바울은 자신의 모든 편지를 통해 하고자 했던 바를 이루기 위해, 부분적이고 수수께끼처럼 보이는 이야기를 삶으로 구현할 공동체를 형성하기 위해 이 수사를 고안했다. 그렇기에 로마인들에게 보낸 편지에 맨 처음 등장하고, 9~11장 전체를 차지하는 하느님의 특별한 백성인 유대인과 이방인의 관계에 대한 논의의 절정부에서 그는 평상시 신앙생활 방식이 전혀 다른 이들, 강한 사람과 약한 사람이 서로를 어떻게 대해야 하는지 이야기한다.

그리고 이 문제 역시 편지를 쓰기 시작할 때부터 바울은 의식하고 있었음을 우리는 기억해야 한다. 로마에 처음 오긴 했으나, 고린토에서 겪은 일들을 통해 그는 로마에서 어떤 갈등이 일어날 수 있는지 잘 알고 있었다. 그래서 바울은 고린토인들에게 보낸 편지(1고린 8~10장)보다 더 신중하게, 문학적 정확성을 기해 각 진영의 우려 사항과 각 진영이 상대 진영에게 하는 일을 자세히 설명한다. 그리고 자신의 주장을 이렇게 표현한다.

> 그러므로 그리스도께서 하느님의 영광을 드러내시려고 여러분을 받아들이신 것과 같이, 여러분도 서로 받아들이십시오. (로마 15:7)

종말론에 입각한 바울의 해석은 단순히 낡고 오래된 이야기를 되풀이하지 않는다. 그렇다고 단순히 새롭고도 새로운 이야기로 오래되고도 오래된 이야기를 변형하지도 않는다. 그는 둘을 모두 수행한다. 그리고 이 모든 활동의 중심에는 공동체를 낳기 위한 그의 분투가 있다. 이 공동체는 갈라디아인들에게 보낸 편지에서 극적으로 표현했듯 예수의 이야기에 부합하는 공동체, 즉 죽음 속의 삶, 약함 속의 능력, 고난 속의 기쁨, 심판과 기다림, 분투와 받아들임이라는 역설적인 이야기와 유사한 삶의 모습을 지닌 공동체, "그리스도가 형성될"(갈라 4:19, 저자 번역) 공동체다. 바울에 따르면 이 이야기에서 메시아가 십자가에 못 박힌 사건은 이스라엘 이야기를 근본적으로 변화시키지만, 이스라엘 이야기를 대체하지는 않는다. 이스라엘을 향한 하느님의 부름, 그들에 대한 하느님의 선택은 여전히 돌이킬 수 없으며, 하느님과 이스라엘의 역사는 모든 것을 능가한다. 마찬가지로 십자가의 로고스이신 예수의 이야기는 (비록 마지막에 아들로서 하느님에게 자신의 왕국을 넘길지라도) 모든 것을 능가한다.

근대 이후 세계에서의 예수 이야기

과거에 견주면 놀라울 정도로 작아진 지구에서, 이제는 떨어질 수 없을 만큼 이웃이 된 낯선 이방인들에게 예수에 대해 이야기를 한다면, 우리는 무엇을 말해야 할까? 무슬림 이웃, 불자 이웃, 무신론자 이웃, 실용주의자 이웃에게 무엇을 말해야 할까? "당신이 진심으로 믿으면, 무엇을 믿든 상관없습니다"라고 말하지는 않을 것이다. 이 문제는 매우 중요하다는 사실을 그들도, 우리도 알고 있기 때문이다. "종교는 사적인 문제니까 이 문제에 대해서는 이야기하지 맙시다"라고 말하지도 않을 것이다. 종교는 사적인 문제가 아니라 매우 사회적이고 공적인 문제이며, 좋은 의미로든 나쁜 의미로든 특정 공동체를 형성하기 때문이다. "서로가 일치하는 부분에 대해서만 이야기하고, 차이점은 무시합시다"라고 말하지도 않을 것이다. 차이는 중요할 뿐 아니라 우리가 서로에게서 가장 많이 배울 수 있는 긴장의 지점이기 때문이다.

내가 무슬림 이웃과 대화를 나눌 때, 그가 꾸란이 말하는 이사(이슬람교에서 예수를 가리키는 이름) 이야기, 위대하지만 마지막 예언자는 아닌 이사 이야기, 복음서가 말하는 것처럼 고난을 겪을 수 없었던 이사 이야기를 할 때, 내가 그 이야기를 받아들이거나 그가 복음서의 이야기를 받아들여야만 우리가 서로에게 배우는 이웃으로 계속 나아갈 수 있는 것은 아니다. 상충하는 이야기에 대해 말하지 않기로 결정해야 하는 것도 아니다. 그러나 우리는 공동체들이 서로 다른 이야기들을 따라, 자주 충돌하는 전통들의 서로 다른 이야기들을 따라 자신을 형성하려고 할 때 어떤 결과가 나올 수 있는지 이야기할 수 있다. 그 과정에서 우리는 교차점을 찾고, 각자가 포기할 수 없는 것들(각자에게 이야기의 그 부분은 다른 어떤 것도 능가할 수 없는 부분이고, 다른 사람은 받아들일 수 없는 부분이다. 그 부분을 포기하는 것은 오랫동안 소중히 여겨온 삶의 중심을 포기해야 한다는 것을 의미한다)에서 배우는 방법을 찾아야 한다. 친숙하고 편안한 상대뿐만 아니라 낯설고, 때때로 까다로운 상대와도 우리는 이렇게 확장되는 대화, 열린 대화를 나누어야 한다.

우리 그리스도교인들이 섬세함을 요구하고, 위험을 감내해야 하는 대화를 나누어야 하는 이유는, 바울이 옳다면, 우리는 아직 무질서한 이 인류라는 피조물을 정의와 평화, 사랑의 습관으로 인도하시려는 하느님의 계획에서 마지막 놀라움을 보지 못했기 때문이다. 바울이 옳다면, 성서의 하느님은 자신이 하느님의 사람이라고 주장하는 이들을 계속해서 놀라게 하실 것이다. 하지만 그분은 당신의 이야기를 신뢰하는 이들을 결코 배신하지 않으실 것이다. 하느님께서 알려주셔야만 알게 될 그 궁극적인 이야기에는 '로고스 투 스타우로', 즉 예수의 십자가와 부활에 대한 이야기와 비유, 논리가 포함될 것이다. 하지만 그 밖에도 우리가 상상할 수 없는 많은 것이 포함될 것이다.

그렇다면 우리는 (예수 이야기의 마지막 장이자, 예수의 정체성의 궁극적인 모습인) 종말을 어떻게 상상해야 할까? 갑옷을 입고, 정복한 이교도의 목에 발을 얹고 서 있는 예수의 모습을 상상해야 할까? 지옥으로 끌려가는 이교도와 이단들, 죄인들로 구성된 고뇌에 찬 무리를 회피하는, 시스티나 성당 천장에 그려진 미켈란젤로의 예수를 상상해야 할까? 아니면 아브라함의 아들들이 그의 나라에 합류하기 위해 동방과 서방에서부터 오는 뜻밖의 일에 미소 짓는 예수를 상상해야 할까? 그 나라는 이제 불가해한 하느님께 넘겨질 것이며, 그곳에 모인 이들이 서로의 모습을 보고 놀라워할 모습을 상상할 수 있는가? 마지막 심판 때에 보좌에 앉은 인자가 왼편의 염소뿐 아니라 오른편의 양까지도 깜짝 놀라게 하는 모습을 상상할 수 있는가? "주님, 우리가 언제 당신을 보았습니까? …"

해 있는 곳마다 예수께서 통치하시리.
그리고 그 여정 계속되리라.

이 찬송을 부를 때마다 우리는 순교자 유스티누스Justin Martyr의 독특한 시편 95편(70인역) 읽기를 기억해야 한다.

주께서는 십자가에서 다스리십니다. (첫째 호교론 41:4)

즉, 하느님 아들의 승리는 승리주의에 사로잡힌 교회가 꿈꾸는 승리가 아니라 사랑으로 가득한, 불가해하며, 아이러니한 하느님의 마음을 드러내는 승리다. 이 역설적인 통치가 중심이 되는 이야기는 마지막 적인 죽음이 정복되고, 아들이 만물을 하느님에게 넘길 때 절정에 이른다. 바로 이 이야기를 우리는 "복음"이라고 부른다. 그러므로 복음은 규칙서가 아니다. 복음은 일련의 교리가 아니다. 무엇보다도 복음은 구원 비용 청구서가 아니다. 복음은 사랑을 담은 편지다.

『그리스도는 질문이다』는 신약학자이자 역사학자였던 웨인 A. 믹스가 생전 마지막으로 남긴 책이다. 그는 이 책을 통해 평생 연구한 예수와 성서에 대한 자신의 생각을 정리했다. 수많은 논문을 썼고 다양한 연구서를 편집한 학자이지만, 그가 남긴 단독 저서는 단 일곱 권뿐이다. 그 목록은 다음과 같다.

- **Go From Your Father's House: A College Student's Introduction to the Christian Faith**, CLC Press, 1964.
- **The Prophet-King: Moses Traditions and the Johannine Christology**, Brill, 1967.
- **The First Urban Christians: The Social World of the Apostle Paul**, Yale University Press, 1983. 『1세기 기독교와 도시문화』(IVP)
- **The Moral World of the First Christians**, Westminster John Knox

Press, 1986.

- **The Origins of Christian Morality: The First Two Centuries**, Yale University Press, 1993.
- **In Search of the Early Christians: Selected Essays**, Yale University Press, 2002.
- **Christ is the Question**, Westminster John Knox Press, 2006. 『그리스도는 질문이다』(비아)

목록을 보면 그의 관심사가 시기에 따라 변화했음을 알 수 있다. 아직 박사과정 중이었던 믹스가 처음 출간했던 책은 흥미롭게도 대학생을 위한 그리스도교 신앙 안내서 『네 아버지의 집을 떠나라 - 대학생을 위한 그리스도교 신앙 입문서』이다. 출간된 지 오래되어 지금은 찾아 읽기 어렵지만, 책 제목과 그가 했던 학생 시절 이야기를 통해 유추해 보면, 미국 남부의 근본주의 신앙을 배경으로 자랐던 그가 대학과 대학원을 거치며 마주했던 신앙의 고민들에 대한 나름의 응답이 담겨있을 거라 예상할 수 있다.

『예언자-왕 - 모세 전승과 요한 공동체의 그리스도론』은 요한 복음서의 그리스도론에 관한 그의 박사 논문을 브릴 출판사에서 펴낸 책이다. 이 책에서 "모세와 관련된 요한 복음서의 전승들은 그리스도인 공동체와 적대적 유대인 공동체의 상호작용 과정에서 형성되었으며, 예수를 왕이자 예언자로 그리는 요한 복음

서의 묘사는 모세의 신심에 대한 유대인 및 사마리아인들의 전통에 기반을 두고있다"고 주장했다.[1]

공동체의 사회적 상호작용 과정을 통해 신학 관념이 형성되고, 이 과정과 관념이 모두 신약성서에 반영되었다는 믹스의 생각은 바울이 활동했던 고대 지중해 세계의 도시-사회적 환경에 대한 연구로 확장되었으며 그 대표적인 산물이 초기 그리스도교의 사회사적인 연구에 한 획을 그은 책으로 손꼽히는 『1세기 기독교와 도시문화』이다. 바울의 초기 그리스도인 공동체들을 사회사 측면에서 조망한 이 책에서 그는 바울의 활동했던 환경이 주로 도시였음을 지적하고, 로마제국에서 도시라는 환경이 제공한 지리적, 사회적 이동성에 대해 말하며, 초기 그리스도인들이 주로 프롤레타리아에 해당하는 사람들이었다는 통념과 달리, 바울 교회에는 중류층을 포함한 여러 계층의 사람들이 뒤섞여 있었다고 주장한다.[2] 믹스에 따르면, 도시라는 환경과 구성원들의 다양한 사회 경제적 지위는 초기 그리스도인 공동체의 자의식과 세계관, 내부의 질서, 종교적 의식에 영향을 미쳤다.

"근본주의 성향이 강하고 인종차별이 일상화된 미국 남부의 작은 마을에서 자랐고 저 해방의 역사를 일부나마 경험했"던 믹스에게 초기 그리스도인들의 도덕은 언제나 중요한 관심사였다.

---

1 Wayne A. Meeks, *The Prophet-King: Moses Traditions and the Johannine Christology* (Leiden: E. J. Brill, 1967), 318~19.

2 웨인 믹스, 『1세기 기독교와 도시문화』(IVP, 2021), 190~91.

그는 두 권의 책(『초기 그리스도인들의 도덕적 세계』, 『그리스도교 도덕성의 기원』)을 통해 오늘날 그리스도교 도덕성의 뿌리가 되는 초기 그리스도인들의 도덕적 토양을 살피고, 그들이 어떻게 응답했는지 탐구한다. 이때 도덕은 신학의 한 분과인 그리스도교 윤리학에서 다루는 내용과는 다르다. (이 책 5장에서 볼 수 있듯) 믹스는 결코 성서를 전거 삼아 특정 윤리적 행동의 당위나 필요성을 도출해야 한다고 생각하지 않으며, 그러한 식으로 초기 그리스도인들이 자신들의 삶의 양식을 구성했다고 보지도 않는다. 그가 '윤리'Ethics라는 말 대신 도덕성Morality라는 말을 택한 것도 그러한 의도에서다.[3] 믹스는 초기 그리스도인들의 가치관, 성향과 태도, 습관을 역사 서술의 방식을 통해 살펴봄으로써 오늘날의 다수 그리스도교인이 자신들의 삶의 방향을 설정하는 방식이 초기 그리스도인들의 방식과 얼마나 달랐는지를 일깨운다.[4]

2002년에 출간된 『초기 그리스도인들을 찾아서』는 믹스가 그간 신약성서와 초기 그리스도교 문헌을 연구하면서 썼던 논문들을 선별한 책이다. 오래 몸담았던 예일 대학교에서 1999년에 은퇴한 믹스는, 자신이 쓴 글 중 후학들이 참고했으면 하는 글들을 모아 책으로 펴냈다. 오랜 시간에 걸쳐 다양한 본문을 다룬 다양

---

[3] Wayne A. Meeks, *The Origins of Christian Morality: The First Two Centuries* (New Haven, CT: Yale University Press, 1993), 4.

[4] Wayne A. Meeks, *The Moral World of the First Christians* (Philadelphia, PA: The Westminster Press, 1986), 162.; *The Origins of Christian Morality*, 211.

한 글들이 있으므로 이 책의 전체 내용을 요약하기는 쉽지 않다. 하지만 하나의 경향은 찾을 수 있다. 믹스는 말한다.

> 여기 모인 글들에서 나는 비평가의 회의적 입장을 유지하면서도, 내가 연구했던 본문이 처음 쓰였을 때의 기능뿐 아니라, 본문과 이후 공동체의 관계, 본문이 공동체를 형성하고 한편으로 공동체가 본문에 영향을 미친 그 다양한 방식에 무게를 실어 연구했다.[5]

'책'은 아니지만, 『그리스도는 질문이다』를 소개하기에 앞서 반드시 언급해야 할 글이 하나 있다. 바로 2004년 믹스가 세계신약학회Studiorum Novi Testamenti Societas 회장으로 취임하면서 했던 '왜 신약성경을 연구하는가?'Why Study the New Testament"라는 연설문이다.[6] 동료 신약학자들을 청중으로 한 이 글에서 그는 자신이 평생 공부했던 신약학이라는 학문에 대한 생각을 정리하였다. 믹스에 따르면 신약성서 연구의 근본으로 당연하게 여겨졌던 세 가지 요소(1) 역사학의 신뢰성, 2) 텍스트의 안정성, 3) 경청하는 청중)

---

5 Wayne A. Meeks, *In Search of the Early Christians* (New Haven, CT: Yale University Press, 2002), 259.

6 Wayne A. Meeks, 'Why Study the New Testament?', *New Testament Studies* 51 (2005), 155~170. 『왜 신약성서를 연구하는가』 (알맹e, 전자책으로만 출간).

는 이제 무너져 버렸다.[7] 하지만, 그럼에도 불구하고 "과거를 더 정확하게 재구성하는 작업"을 계속 이어 나가야 한다고 그는 말하며 앞으로의 역사적 연구는 "교리의 역사"보다는 "공동체들의 역사"에 더 초점을 맞추어야 하고, "텍스트가 후대에 수용된 역사와 텍스트가 끼친 영향의 역사"를 중점적으로 다루어야 한다고 제안한다.[8] 텍스트의 안정성은 무너졌지만, 텍스트를 편견 없이 정확하게 해석하는 것은 중요하며, 텍스트가 처음 읽혔던 역사적 맥락에 좀 더 관심을 기울여야 한다. 또한, 신약학은 그리스도교 신자들을 넘어 비그리스도교인들을 청중으로 삼고, "그들의 말을 경청하는 방법과 그들에게 말하는 방법을" 배워야 한다고 믹스는 말한다.[9]

『그리스도는 질문이다』는 '왜 신약성경을 연구하는가?'가 나온 이듬해에 나온 책이다. 전문학자가 아닌 일반 독자와 그리스도교인들을 위해 쓴 책이지만, 중심 생각은 '왜 신약성경을 연구하는가?'와 크게 다르지 않다. 평생 연구한 분야에 대한 자기 생각을 정리하는 단계에서 두 글을 썼기 때문일 것이다. 다만 '왜 신약성경을 연구하는가?'가 신약성서라는 텍스트를 연구하는 학문의 현재와 미래를 진단한다면, 『그리스도는 질문이다』는 우리가 예수의 정체성에 관한 문제, 예수의 그리스도 됨을 어떻게

---

7 웨인 믹스, 『왜 신약성서를 연구하는가』, 22~31.

8 위의 책, 32.

9 위의 책, 37.

이해해야 하는지, 그리고 예수에 대해 증언하는 신약성서라는 본문이 어떤 책인지를 설명하는 일에 더 초점을 맞춘다. 그러한 면에서 『그리스도는 질문이다』는 그의 첫 번째 책인 『네 아버지의 집을 떠나라』와도 연관이 있다. 『네 아버지의 집을 떠나라』가 이제 막 신학의 길에 들어선 청년의 고민과 나름의 (잠정적인) 답을 담고 있다면, 『그리스도는 질문이다』는 자신의 영역에서 일가를 이룬 대가의 원숙한 사유와 소회, 때로는 도발적이고 때로는 날카로운 열린 제안을 담고 있다.

책의 도입부에서 믹스는 '예수는 그리스도이다'라는 신앙 언어에서 중요한 것은 우리가 전제하는 예수가 어떤 분인지, 그리스도에 담긴 의미가 무엇인지, 예수가 어떻게 그리스도인지를 질문하는 것이라고 말한다. 이 질문에 답하기 위해서는 어떻게 해야 하는가? 식견이 있는 독자들이라면 "역사"적인 예수 연구를 통해서라고 답할지 모른다. 19세기에 들어 과학적인 학문으로서의 역사학을 통해 실제 예수를 발견할 수 있다는 생각이 광범위하게 퍼졌기 때문이다. 그러나 믹스는 현대 물리학의 혁명과 이와 궤를 같이한 철학, 심리학, 사회과학의 발전은 엄정한 학문으로서 역사학의 토대를 뒤흔들었다고 진단한다.

그렇기에 믹스가 보기에 근대 역사학이라는 도구를 통해 실제 예수를 발견하려는 '역사적 예수 연구'는 필연적으로 실패할 수밖에 없지만, 여전히 근대주의는 광범위하게 퍼져 있다. 보수적인 입장이든, 진보적인 입장이든 '문자주의'적으로 성서를 읽는 경향, 새로운 자료나 증거를 발견하면 이를 만능열쇠로 이해하는 '유레카 콤플렉스', 이름과 원인을 혼동하여, 과거를 이해하기 위해 만든 범주, 혹은 개념을 마치 실재인 것처럼 착각하는 것, 그리고 많은 학자가 개인의 정체성을 무관계적인 실체로 보는 낭만적 모형을 채택하는 경향은 모두 이와 관련이 있다. 그는 이러한 경향에 맞서 예수의 정체성을 이해하는 새로운 방식을 채택해야 한다고 제안한다.

그가 제안하는 것은 (기억과 상황, 전통, 혹은 전승된 자료와의 상호작용을 통해 이루어진) 서사로서 성서 읽기, 개인의 정체성에 대한 상호교류 모형의 채택이다. 예수가 언제부터 어떻게 그리스도라는 자의식을 가지게 되었는가 연구하는 것은 더는 만족스러운 결과를 낼 수 없음을 인정해야 한다. 믹스에 따르면 예수도 주변 사람들과의 상호작용을 통해 자신이 누구인지, 어떤 능력과 소명을 가진 사람인지를 깨닫게 되었다. 복음서에 등장하는 많은 인물이 던지는 예수의 정체에 대한 질문들은 이 과정을 보여준다. 또한, 예수의 정체성은 결코 그의 죽음에서 끝나지 않는다. 그를 따르던 이들은 그의 죽음(과 부활)이라는 곤혹스러운 사건을 마주해 자신들이 처한 현실, 자신들이 가지고 있던 해석 전통을 활용해 그가 지닌 정체성을 끊임없이 확장해 나갔기 때문이다. 그러한 면에서 그리스도교의 역사, 혹은 그리스도교 신학의 역사는 전 세계 수많은 이들이 자신이 처한 상황과 자신들이 물려받은 전통과 저 예수 그리스도에 관한 이야기가 상호작용을 통해 예수의 정체성이 확장, 갱신된 역사라고 해도 무방하다.

예수의 죽음과 부활은 그리스도인의 삶과 사고를 규정하는 핵심 이야기 혹은 중심 은유가 되었다. 믹스는 사도 바울의 해석을 통해 이를 분명히 보여준다. 바울은 당대의 유대인들, 특히나 쿰란 공동체의 지도자들이 그러했듯 성서를 자유롭고 독창적으로 해석하여 예수의 죽음과 부활을 은유적으로 해석한다. 그는 "십자가의 로고스"를 여러 맥락에서 다양한 의미로 사용하면서, 그리스도인 삶의 모범으로 삼는다. 때로 십자가의 로고스는 진리에 대항하는 세상에서 담대하게 살아가며 겪는 고난을 이겨낼 이유가 되기도 했고, 히브리 성서에 쓰인 하느님의 오래된 말씀들이 이제 완전히 새로운 의미를 얻게 되었다는 믿음의 근거가 되기도 했다. 또한, 십자가의 로고스는 명예와 지위의 획득을 최고의 가치로 여기던 승자독식의 로마 사회와는 전혀 다른, "새로운 창조"가 시작되었음을 보이는 증거이기도 했다. 십자가의 로고스는 바울을 통해 그리스도인들의 삶에 적용 가능한 모든 관계에서 공명을 일으키는 은유가 되었다. 이 은유는 직접적으로 "그리스도인은 …을 지켜야 한다" 혹은 "…를 하지 말아야 한다"라고 말하지 않는다. 서로 다른 시공간에서 하느님이 우리에게 무엇을 원하시는지 분별하는 것은, 결코 문자적으로 쉽게 이룰 수 있는 일이 아니기 때문이다.

이 논의를 밀고가 믹스는 성서가 본래 은유로 가득하며, 따라서 명확하게 해석하기 어려운, 모호한 책이라고 주장한다. 그에 따르면, "성서는 …을 분명히 가르친다"라는 표현으로 대표되는 문자주의는 무수한 오류와 문제를 만들어 낸다. 역사주의의 세례를 받은 근대인들은 히브리어와 헬라어를 능숙히 익혀 본문의 역사적인 의미를 규정하면 문제가 해결되리라 생각했다. 이 새로운 역사주의적 문자주의는 오랜 기간 그리스도교 역사에서 이해되어 온 "문자 그대로의 의미," 즉, "그리스도인의 경험과 그리스도교 이야기, 교회의 전례, 신경, 교리문답, 찬송가, 기풍으로 형성된 독자 혹은 청중이 본문을 접했을 때 받아들이게 되는" 자연스러운 의미가 상실되게 했다. 역사비평의 논의를 무시하고 '오직 성서'sola scriptura와 '성서의 명료함'claritas scripturae을 고집하는 보수적 성향의 개신교인들 마찬가지다. 이 경우에는 역사주의에 대한 회의와 경건주의가 결합하면서 반지성주의로 이어졌다. 그 결과 현대 사회는 성서 해석의 양극단적 입장이 무책임한 해석을 양산하는 문제와 마주하고 있다. 한 편에는 세대주의에 뿌리를 둔 근본주의적 성서해석이, 다른 한편으로는 예수 세미나나 댄 브라운의 역사주의적 판타지가 사람들을 현혹한다. 믹스는 이 두 극단, 근본주의와 반종교주의를 벗어나야 한다고 주장한다. 이를 위해서는 성서에 대한 (근대적 의미의) 문자주의적 접근, "성서의 명료함"에 대한 믿음을 포기하고, 모호함에 익숙해지는 법을 배워야 한다고 주장한다. 근대의 빛과 명암을 모두 맛본 우리, 그러면서도 그 이전의 과거로 돌아갈 수 없는 우리는 이제 "우리가 특정 공동체의 전통 아래에 서 있으면 …을 배울 수 있다"거나, "성서를 이렇게 저렇게 해석하면 이러한 생각들을 발견할 수 있다"라고 말할 수 있을 뿐이다. 이는 어떠한 면에서 보기에는 실팍해 보이는 제안이나 달리 보면 우리의 한계를 정직하게 인정하고, 현실과 성서에 담긴 온전한 의미를 쥐고 있는 이가 우리가 아니라 하느님임을 인정한다는 점에서 (이전과는 다른 방식으로) 전통에 충실한 답변이다.

마지막 장에서 믹스는 좀 더 도발적인 주장을 한다. 십자가의 로고스인 예수의 이야기는 모든 것을 능가하지만, 인간에 대한 하느님의 새로운 창조와 계시는 멈추지 않을 것이라고, 그러한 면에서 마지막 날에 맞이하게 될 하느님 아들의 승리는 미지의 영역으로 남아 있다고, 적어도 다른 종교, 혹은 비종교인을 개종시키고 다른 문화권에 깃발을 꽂는 "승리주의적" 사건이 아닌 "사랑으로 가득한, 불가해하며, 아이러니한 하느님의 마음"을 드러내는 승리일 것이라고 이야기한다. 물론, 이러한 믹스의 견해는 종교다원주의자들의 견해와는 다르다. 그는 우리가 각자에게 포기할 수 없는 부분을 인정하고, 대화를 통해 교차점을 찾아봐야 한다고 말했다. 믹스의 이러한 주장은 개인의 정체성에 대한 상호주의 모형을 지지하고 성서 해석의 모호함을 인정하는 논리적 흐름에서 나온 일관된 진술이면서, 다른 한편으로는 자신이 처한 상황, 자신이 바라본 시대 상황에 대한 염려를 반영하는 것이기도 하다. 이 책이 나오기 4년 전 2001년 9월 11일, 뉴욕에서는 오사마 빈 라덴이 이끄는 알카에다의 자살 테러 공격으로 세계무역센터 쌍둥이 빌딩이 무너지면서 수천 명이 목숨을 잃었고, 이에 대한 보복으로 미국은 아프가니스탄을, 그다음에는 이라크를 침공했다. 폭력이 또 다른 폭력을 낳는 악순환, 그리고 그 악순환이 '종교'의 이름을 빌려, 각자의 경전을 근거로 이루어지는 상황 가운데 서로의 다름을 인정하며 평화와 공존을 추구하고자 하는 그리스도인이자 학자로서의 면모가 이 책에 반영되어 있다.

믹스는 "성서는 러브레터다"(본문에는 사랑을 담은 편지로 풀어서 번역했다)라는 말로 이 책을 끝맺는다. 그가 생각하기에 성서에 가장 적합한 은유는 러브레터, 인간을 향한 하느님의 절절한 사랑을 담은 편지였다. 러브레터를 쓰며 어떤 규칙을 제정하고, 이를 반드시 지키라고 강요하거나, 이를 어겼다고 책망하는 사람은 없다. 그런 편지는 교통 법규를 어겼거나, 세금을 미납했을 때 관공서로부터 날아오는 독촉장이지 러브레터가 아니다. 그런 글에 사랑이 개입할 여지는 없다. 또한, 러브레터를 쓸 때는 연구 보고서를 쓰듯 개요를 짜고, 분량을 정확히 나누고, 자신의 가설에 맞추어 도식적으로 글을 완결짓지 않는다. 절절한 마음을 표현하기 위해 펜을 드는 순간, 필연적으로 논리적이지 못한 생각들이 글에 담긴다. 갑자기 하고 싶은 고백이나 더 하고픈 말들이 생각나 처음의 구상과는 전혀 다른 글이 써지기도 한다. 하고픈 말이 너무 많아 편지지를 더 사와야 하는 일도 종종 생긴다. 러브레터를 쓸 때 그저 사랑한다고, 좋아한다고만 쓰고 편지를 마치는 사람 또한 없다. 그런 구애는 받는 사람의 마음을 얻지도 못할뿐더러, 편지지의 빈 공간을 채우지 못한다. 러브레터는 이야기와 은유로 가득 채워지기 마련이다. 상대를 처음 보았던 느낌, 그 사람이 내 마음에 들어온 계기와 그 순간의 상냥했던 공기, 함께 공유하게 된 뭉클한 추억들, 사랑에 관한 여러 가지 비유, 때론 서운하거나 속상했던 마음들, 진작 말하고 싶었지만 입 안에서만 맴돌던 사과들, 이 모든 것이 편지의 재료가 된다. 이 재료들은 하나의 이야기로 엮여 편지 쓰는 사람의 애틋한 마음을 상대에게 전달한다. 러브레터는 그렇게 발신자와 수신자 사이를 잇는다.

믹스에게 성서는 규칙서나 법령이 아니었다. 성서의 말씀은 각 권이 쓰인 시대적, 환경적 상황에 맞게 주조되어 다양한 해석과 대화를 요구하는 것들이지 시공간을 초월해 적용되는 법문일 수 없었다. 5장에 나오는, 강아지 판매와 관련된 일화, 유대인의 음식 규정에 대한 짧은 언급, 그리고 바울이 자신의 회중에게 이야기하는 방식에 대한 분석은 이를 분명하게 보여준다. 성서의 말씀이 영원하며 보편타당해야만 한다고 믿는 그리스도교인이라도 "종으로 있는 이 여러분, 두려움과 떨림과 성실한 마음으로 육신의 주인에게 순종하십시오. 그리스도께 하듯이 해야 합니다"(에페 6:5)라는 말씀을 근거로 노예제도를 되살려야 한다고 주장하지는 않을 것이다. 믹스는 성서가 교리를 위한 책이라는 생각에도 반대한다. 많은 교리문답서는 예수가 누구인지에 대해

정해진 질문과 대답을 명시하고 이를 간략히 설명한다. 물론 제도 종교의 측면에서는 교리문답에 바탕을 둔 성서 읽기가 편리하고 유용할 수 있을 것이다. 그러나 그리스도교가 '종교'로 존재하지 않았던 시대의 문서들인 신약성서를 그 시대의 관점에서 연구하는 역사학자로서 믹스에게 이러한 읽기는 지나치게 도식적이다. 그는 예수의 정체성 또한 그의 자의식을 통해 알 수 있는 것이 아니라, 예수를 둘러싼 사회 환경과 다른 인물들과의 상호작용 과정에서, 그리고 그의 죽음과 부활을 경험한 추종자들이 이를 해석하는 과정에서 정련되고, 확장되고, 갱신되었다고 본다. 그리고 그 모든 과정, 그 과정의 산물인 은유 아래는 십자가의 로고스로 대표되는 인류를 향한 하느님의 역설적인 사랑이 자리잡고 있다고 믹스는 보았다.

다른 한편으로, 이 책은 성서학계에 커다란 족적을 남긴 한 노학자의 러브레터이기도 하다. 자신이 연구한 예수와 신약성서에 대한 절절한 마음을 담은 편지 말이다. 믹스는 말한다. 우리가 너무도 쉽게 안다고 자신하는 "예수"라는 분은 교리문답처럼 그리 쉬이 단정할 수 있는 분이 아니며, 현대 사회의 여러 문제에 성서의 말씀들을 문자적으로 적용하는 것은 합리적인 해석이 아닐 뿐 아니라, 예수라는 거대한, 생명력 넘치는 은유를 담아내기에 좋은 그릇이 아니라고. 예수라는 "지극히 오래되고도 지극히 새로운 아름다움"을 우리 삶에서 반영하기 위해서는, 늘 우리 주변과, 우리의 전통과, 우리를 둘러싼 세계와의 끊임없는 대화를 필요로 한다고.

저명한 바울학자 존 바클레이는 웨인 믹스의 부고를 듣고 그가 언제나 "세심하고, 창의적이며, 혁신적이고, 깊이 있는 지적 능력을 갖추었던" 학자였다고 평가했다. 그의 말마따나, 믹스는 우리에게 세심하고, 창의적이며, 혁신적인, 그리고 사랑이 담긴, 예수와 성서에 관한 편지를 우리에게 전했다. 이 편지를 어떻게, 얼마나 받아들일 수 있는지 고민해보는 것은 이 편지의 수신자인 독자의 몫이다.

2024년 1월, 눈덮인 취리히에서,

김경민

그리스도는 질문이다
- 예수의 정체성에 대한 현대적 탐구

초판 발행 | 2024년 1월 25일

지은이 | 웨인 A. 믹스
옮긴이 | 김경민

발행처 | 비아
발행인 | 이길호
편집인 | 이현은
편　집 | 민경찬 · 정다운
검　토 | 손승우 · 윤관 · 정다운
제　작 | 김진식 · 김진현 · 이난영
재　무 | 황인수 · 이남구 · 김규리
마케팅 | 이태훈 · 민경찬
디자인 | 민경찬 · 손승우

출판등록 | 2020년 7월 14일 제2020-000187호
주　소 | 서울시 강남구 봉은사로 442 75th Avenue 빌딩 7층
주문전화 | 010-8729-9237
이메일 | viapublisher@gmail.com

ISBN | 979-11-93677-98-8 (03230)

* 비아는 ㈜타임교육C&P의 단행본 출판 브랜드입니다.